Jacques Tournier · Jeanne

Jeanne de Luynes, Comtesse de Verue

Jacques Tournier

JEANNE

*Jeanne de Luynes,
Comtesse de Verue*

Aus dem Französischen
von Helga Treichl

Medusa Verlag
Wien – Berlin

Für Lily
und das Andenken von Marcel

I

Die Jungfräulichkeit

Eine Maske von unsichtbarer Farbe

Sie ist sehr klein. Sie ist vierzehn Jahre alt. Sie verbirgt sich immer in einem Winkel des Treppenhauses zwischen dem Geländer und dem gelben Hund, um den Garten besser beobachten zu können. Die Nachmittage sind lang. So lang, daß sie manchmal den Kopf in ihrem Kleid verbirgt, damit es rascher dunkel werde. Und wenn die Nacht endlich die Terrasse erreicht, ist es, als richte sich plötzlich jemand hinter den Fenstern auf, ein Schatten, der sie zu suchen scheint. Sie macht sich noch kleiner, damit er sie länger suchen müsse, aber der Schatten findet sie immer, steigt Stufe um Stufe die Treppe hinauf und läßt sich neben ihr nieder.

»Jeanne . . .«

Nein: nicht Jeanne. Man nennt sie: Kleine.

»Kleine . . .«

Wäre es ihre Mutter, würde sie antworten, aber es ist diese Frau, deren Namen sie absichtlich vergißt und die sie *Sakristei* getauft hat, weil ihre Schürzen so riechen.

»Es ist angerichtet, Kleine. Hörst du nicht, daß ich dich rufe?«

Die Frau nimmt einen Apfel aus ihrer Tasche und läßt ihn bis zur Treppe rollen.

»Da hast du einstweilen, bis es soweit ist.«

Bis was soweit ist?

Daß in den leeren Zimmern wieder Brüder und Schwestern sind und daß sie vergißt, daß sie von ihnen verlassen wurde? Noch immer begleiten sie die Echos aus jener Zeit, das Gelächter und das Geheimnis der Zimmer, das Geräusch der Stimmen in den Gängen, dieses ganze frühere Leben, in dem sie noch alle beisammen waren und ihre Türe immer offen stand, damit ihr Bruder Charles jeden Morgen in ihr Bett schlüpfen und sich ihre Träume erzählen lassen konnte. »Du riechst nach Nacht«, murmelte er. Und küßte sie lachend. Das damals war wirkliche, warme Zuneigung, die nichts jemals ersetzen konnte – und sie hatte gewünscht, daß keiner von ihnen erwachsen würde. Aber immer hatte einer, Mädchen oder Knabe, schließlich einen anderen erwählt, und während ein Notar Urkunden verfaßte, wurde im ersten Stock ein letztes Spiel gespielt. Das Spiel der Koffer- und Kassettenschlüssel, des »was wird hergegeben, was zerrissen, was mitgenommen«, bis zum Tag nach der Hochzeit, da *Sakristei* begann, die Vasen zu leeren, die Blumen fortzuwerfen, die Wäsche auszukochen, um sich dann in das Zimmer einzuschließen, das der Bruder oder die Schwester gerade verlassen hatte, und es gründlich, wie nach einem Todesfall, zu reinigen.

»Du, wenn du wenigstens . . .«

Sie berührt den gelben Hund mit dem Finger. »Du, wenn du bellen könntest.«

Er ist an die Wand gemalt, mit Schafen, Hirten, Hügeln, einem kleinen Bach. Ganz oben links sieht man sogar einen Widder. »Hast du die Hörner auf seinem Kopf gesehen?« hat ihr Bruder Charles eines Tages lachend zu ihr gesagt. »Er wird auch dich damit stoßen, aber gegen die Brust. Denn es ist falsch, was man erzählt. Mädchen sind keine Blumen. Sie sind Tiere, wie wir.« Er hatte sich vor ihr niedergehockt. »Steig auf!« Sie hatte sich rittlings auf seine Schultern gesetzt. Er hatte ihr erlaubt, den Widder zu berühren. Dann war er zu der Quelle in der Mitte des Freskos getreten, an der ein weißes Pferd seinen Durst stillte. Von seinem Reiter sah man nur den Rücken, graue Kniehosen, silberne Knöpfe an einer Samtweste und sehr schwarze Haare, die unter einem Hut hervorquollen. Sie hätte gerne an ihnen gezogen, damit er den Kopf wende. »Sieh mich an«, hatte sie gemurmelt. »Warte, bis deine Hörner wachsen«, hatte Charles immer noch lachend gesagt, »und du wirst sehen, ob er dich anblickt!« Und er ließ sie wieder zu Boden gleiten.

Jetzt ist es ganz dunkel. Ein Lakai hat gerade den Garten durchquert, um die Laternen neben dem Tor anzuzünden. Jeanne steht auf. Ihre Eltern werden bald nach Hause kommen. Hat es einen Sinn, auf sie zu warten? Sie scheinen gar nicht mehr zu wissen, daß sie noch da ist. Als hätte *Sakristei* sie am Abend der letzten Hochzeit in ein altes Tischtuch gerollt und fortgetragen. Ihr Vater, der Herzog von Luynes, war ein alter Mann, das hatte sie immer gewußt. Über ihre Mutter hätte sie lieber nichts erfahren. Aber Charles zeichnete ihr eines Tages den Familienstammbaum auf und erklärte ihr, daß ihr Vater in zweiter Ehe eine seiner Tanten geheiratet hatte und daß diese Mutter, die sie für so jung gehalten, in Wahrheit die leibliche Schwester ihrer Großmutter war. An jenem Tag fühlte sie sich verraten. »Auch sie also zu alt, um nach mir noch eine andere zustande zu bringen . . .« Sie wurde eifersüchtig auf ihre

Schwestern, an deren Rockzipfel sie immer zu hängen pflegte. Aber wer hing an ihrem? Die Puppen, die ihr geschenkt wurden, ersetzten nichts. Warum konnte sie nicht auch eine lebendige haben? Eine kleine Schwester? Damit dieses Wort »Kleine« auf eine andere zuträfe? Und damit vor allem in ihrem Zimmer zwei Betten aufgestellt würden, eines über dem anderen, und sie das obere wählen und sich hinunterbeugen könnte, zu der »Kleinen«, die immer dort unter ihr war. Sie würde nicht mehr mit dem gelben Hund sprechen müssen. Oder warten, daß es in ihrem Zimmer finster würde, um, mit hochgezogenen Röcken und ausgestreckten Beinen auf dem Boden sitzend, an den Parkettafeln auszumessen, ob sie noch wachsen würde.

Endlich, im Dezember, kommt jemand. Sie weiß nicht, daß der Besuch ihr gilt. Sie weiß nur, daß sie auf Befehl ihres Vaters bei Tisch erscheinen muß: »Anständig herausgeputzt und frisiert«, läßt er ihr durch die mit einem Kamm bewaffnete *Sakristei* ausrichten.

Sie ißt, ohne die Augen zu heben. Sie sieht nur gegenüber auf dem Tisch den Stiel eines Glases und eine Hand mit kräftigen Fingern, die hin und wieder das Glas ergreift und wieder niederstellt. Gegen Ende der Mahlzeit hört sie das Wort: Savoyen. Sie fragt mit leiser Stimme:

»Schnee?«

Jemand lacht auf der anderen Seite des Tisches . . .

»Es ist der Name meines Herrn, mein Fräulein. Von Geburt ist er der Herzog von Savoyen. Aber er regiert in Piemont. Seine Hauptstadt ist Turin.«

Etwas gefällt ihr nicht an diesem Lachen. Sie findet es geziert. Als besäße der, der gelacht hat, zwei Stimmen: eine für die anderen und eine für sie.

»Kleine . . .«

Sie zuckt zusammen. Man hat ihren Arm berührt. Sie hebt rasch die Augen, sieht ihren Vater, der sich mit einem Gesicht zu ihr neigt, das sie nicht kennt, röter als sonst, die Augen wie schmale Schlitze, als wolle er etwas genau beobachten. Sie hört, wie man sagt: »Bald fünfzehn Jahre alt«, begreift, daß man von ihr spricht, und ohne ein Zeichen ihrer Mutter abzuwarten, grüßt sie hastig und läuft wieder in ihr Zimmer hinauf. »Du hast an jenem Abend mit deinen zusammengepreßten Zähnen wie eine kleine Bulldogge ausgesehen«, wird der Graf von Verue später zu ihr sagen. Das Wort *Turin* bleibt wie etwas Weißes in ihrer Erinnerung. Sie harrt lange vor ihrem Fenster aus, um ihn in seine Kutsche einsteigen zu sehen, aber sie sieht nur einen Rücken in der Wagentür und schwarze Haare, schwärzer noch als die des Reiters auf der Wand.

Vier Tage lang, ohne zu verstehen warum, hat sie das Verlangen, mit jemandem zu sprechen. Sie öffnet alle Türen. Aber die Zimmer sind leer und ihre verheirateten Schwestern sind nicht mehr da, um ihr zu antworten. Doch ihre Unruhe legt sich von selber und bald ist wieder alles so, wie es immer war: die Treppe, der gelbe Hund, der Apfel – bis zum Eintreffen der beiden Briefe.

»Es ist gelungen, Kleine. Der König stimmt zu!«

Wie lange schon hat ihr Vater nicht ihr Zimmer betreten? Er schwingt die Briefe wie Fahnen.

»Und wenn du wüßtest, mit welchen Worten! Man fragt sich, wer wem eine Ehre erweist . . . *Wir wissen sehr wohl, durch welch besonderen Edelmut* . . . Schau an, diese Worte sind unterstrichen . . . *durch welch besonderen Edelmut – die Familie von Luynes sich immer ausgezeichnet hat und wie sehr ihre Mitglieder die Gunst, die der*

König von Frankreich ihnen bezeugte, sowie die Achtung, die der Hof ihnen bewies, verdient haben.«

Er setzt sich auf den Rand des Bettes, um Jeanne zu erklären, was sie endlich begreifen muß. Daß der Graf von Verue, ihr junger Gast vom Dezember, an ihr Gefallen gefunden. Daß er wünsche, sie zu heiraten. Daß er jedoch am Hof von Turin das Amt eines Kammerherrn bekleide. Daß er daher ohne Zustimmung seines Herrn, Viktor Amadeus von Savoyen, nicht heiraten könne. Einer Zustimmung, deren er angesichts der geringen Mitgift, die der Herzog von Luynes seiner Tochter mitgäbe, nicht sicher gewesen sei.

»Denn ich bin nicht reich, Kleine, mußt du wissen. Meine Einkünfte haben mit der Zahl meiner Töchter nicht Schritt gehalten. Ich habe deine Schwestern, so gut ich konnte, abgefertigt, doch für dich, meine kleine, letzte Tochter, die du mit Schönheit gewiß am reichsten ausgestattet bist, ist an Mitgift . . .«

Er spricht mit einiger Mühe und fährt dabei mit dem Finger über die Kante der beiden Briefe, als fürchte er dort geheime Zeichen zu entdecken.

»Aber alles hat ein gutes Ende genommen, da der König von Piemont seine Zustimmung gibt und die Mutter des jungen Mannes, die Gräfinwitwe von Verue, ihres Sohnes Bitte um deine Hand schriftlich bestätigt.«

Er nimmt Jeanne plötzlich in seine Arme, drückt sie mit aller Kraft an sich.

»Dieses grauenhafte Kloster, Kleine . . . Wenn ich dich dort hätte einsperren müssen . . .«

Der junge Mann war etwas über einundzwanzig. Er war schön und gut gebaut, hatte Geist und Vermögen.

Das sind sehr viele gute Eigenschaften. Fast zu viele. Als Jeanne ihn wiedersieht, ist sie sprachlos. Sie gestattet sich dieses Mal, ihn anzublicken, da der König von Piemont seine Zustimmung gegeben hat. Aber sie senkt gleich wieder die Augen. »Es ist die Wand«, sagt sie sich, sie möchte lieber glauben, daß es die Wand ist, ein Lichtreflex der abendlichen Sonne, das Trugbild eines gemalten Reiters, das sich belebt hat. Denn er ist zu schön. Er kann nicht ihretwegen gekommen sein. Sobald er seinen Irrtum erkennt, wird er sich an den Herzog von Luynes wenden. »Verzeihen Sie, herzogliche Gnaden«, wird er mit einiger Verwirrung sagen, »aber ich habe an jenem Abend geglaubt . . .« Was hatte er an jenem Abend glauben können? Sie hatte während der ganzen Mahlzeit nicht den Kopf gehoben und war gleich danach geflohen. Die einzige Erinnerung, die er von ihr bewahrt haben konnte, waren einigermaßen ordentlich gekämmte Haare. Jeder hätte sich da irren können. Heute abend steht sie vor ihm. Er kann sie genau betrachten, solange er will. Das tut er auch. Schweigend. Und plötzlich hört sie ihn lachen und weiß, sie ist entdeckt. Wenn er lacht, so bedeutet das, daß er sie jetzt so sieht, wie sie ist. Sie greift sich an die Wangen.

»Jeanne . . .«

Der erste, der sie Jeanne nennt. Mit einer Stimme, die sie wiedererkennt: es ist die von ihrem ersten Abend, die nur für sie bestimmt war. Sie beschließt sodann, ihn wieder anzublicken, und zwar ebenfalls, solange sie will. Er ist näher zu ihr getreten. So nah, daß die Entfernung, die sie mit einer kleineren Schwester zu überbrücken träumte, mit einem Schlage ausgelöscht ist. Es gibt niemanden mehr zwischen ihnen. Sie betrachtet ihn voller Gier: die Stirne, die Augen, ihre Farbe, die Farbe der Lippen. Irgendetwas entlockt ihr ein Lächeln, denn sie findet allmählich einen Geruch wieder, den alten Geruch der Knabenzimmer, und sie hat plötzlich ein Gefühl der Sicherheit, das Gefühl, daß er sie in seine Obhut nehmen wird, daß sie nicht mehr zu warten brauche. Und unwillkürlich macht sie kleine Bewegungen mit dem Kinn, als sage sie zu allem ja, aber sie hat immer mehr Angst.

Und nichts, bis zum Tag der Hochzeit, kann ihr diese Angst nehmen.

Weder die plötzliche Geschäftigkeit um sie her, das zu neuem Leben erwachte Palais, all das, was wieder aus den Kästen gezogen und von *Sakristei* geputzt und poliert wird. Noch ihre Schwestern, die natürlich zurückkommen und sie mit vielsagendem Lächeln anblicken. Noch Charles, der sich in Schweigen hüllt und zu sagen scheint: »Du gehst recht weit fort . . .« Noch ihre Mutter, die unermüdlich Leinen und Tücher zählt, als hinge ihre Zukunft vom Gewicht der Truhen ab. Noch der, den man wohl als ihren Verlobten bezeichnen mußte, der jeden Abend da ist, der mit leiser Stimme zu ihr spricht. Und sie macht immer noch diese kleinen Bewegungen mit dem Kinn, sie sagt weiterhin zu allem und jedem ja, aber sie zählt die Tage, wünscht, daß sie schneller vergingen oder langsamer, sie weiß es nicht mehr, denn sie glaubt noch immer, daß er sich geirrt hat, daß er sie für eine andere hält, und wenn er eines Tages verschwinden muß, ist es besser, man genießt, was man hat. Am Abend in ihrem Zimmer mißt sie nicht mehr ihre Beine, sondern ihre Brüste. Sie versichert sich im Geheimen der Waffen, die ihr wachsen – wie dem Widder. Und sie schnürt absichtlich ihr Mieder enger, um auch auf diese Weise ihre Bereitschaft zu zeigen.

Man traut sie am 11. Januar 1683. An einem Tag, da sich Schnee ankündigt. Jeanne ist froh über den grauen Himmel. Sie kann sich einreden, daß sie noch im Treppenhaus ist und daß der Mann, der nun auch seinerseits ja gesagt hat, in Wahrheit der Schatten ist, der sie sucht.

II

Die Schamhaftigkeit

Eine rosenfarbene Maske

Der Schnee hat sie aufgehalten und sie sind so tief im Morvangebirge, daß selbst die Nacht weiß zu sein scheint. Um ihren Wagen tobt der Sturm und wirft ihn oft fast um. Ein andermal kommen die Pferde von der Straße ab und drohen plötzlich in irgendwelchen Abgründen zu versinken. Der Kutscher hat gerade noch Zeit, vom Sitz zu springen, um sie zurückzuhalten. Er hatte die Jungvermählten gewarnt, daß die Reise immer beschwerlicher werden würde, je weiter man in die Berge vordrang. Aber nichts kann sie beunruhigen. In Pelze gehüllt, die der Graf von Verue seinem Gepäck entnehmen ließ, umgeben von Becken mit Kohlenglut, sind sie zum ersten Mal allein und segnen den Sturm, der ihnen gestattet, einander kennenzulernen. Alles ist ein Vorwand für den Grafen von Verue, sich Jeanne zu nähern, ihre Hände zu berühren, sich zu vergewissern, daß sie fest in ihren Pelz gehüllt ist, daß ihre Knöchel geschützt und ihr Hals bedeckt sind. Er gesteht freimütig, daß er sie begehrt, und staunend entdeckt Jeanne, daß sein Verlangen eine Art physischer Erregung in ihr erweckt.

Der Kutscher gerät manchmal in Zorn und flucht, daß seine Pferde nicht mehr weiter wollen.

»Nun gut, meinetwegen«, sagt der Graf von Verue.

Er scheint nur ungern nachzugeben.

»Versuchen wir Unterkunft zu finden.«

Auch das ist nur ein Vorwand. Er weiß bereits, daß er, kaum daß sie in einem Bauernhof Unterschlupf gefunden haben, Jeanne behilflich sein wird, ihr Kleid abzulegen, um es an einem Feuer zu trocknen. Daß sie sich gegenseitig abreiben und in ein hastig bereitetes Bett schlüpfen werden, um dort eine andere Reise zu beginnen, eine Reise fast ohne Bewegung, solange die Feuchtigkeit der Leintücher, die Kälte des Zimmers, die Heftigkeit des Windes draußen vor dem Fenster sie wach hält. Aber sie erwärmen sich rasch.

»Öffne dich«, sagt er mit leiser Stimme.

Er ist ungeschickt und kann in seiner Unerfahrenheit nur die einfachsten Liebesfreuden erwecken. Jeanne hat das in der ersten Nacht erkannt. Da sie viel in den Zimmern ihrer älteren Geschwister gelernt und viel an sich selber ausprobiert hat, weiß sie mehr als er. Anfangs hatte sie geglaubt, daß er aus Rücksicht auf sie seine Ungeschicklichkeit übertreibe, um sie in dem Glauben zu lassen, sie sei die erste. Gewisse Bewegungen, die er vor allem im Halbschlaf nicht kontrollierte, eine bestimmte Art, sie zu erforschen, sie zu zwingen, bewiesen jedoch, daß er noch alles zu lernen hatte.

Schließlich hat sie gefragt:

»Und die anderen?«

»Welche anderen?«

»Vor mir.«

Er hat gezögert.

»Niemand.«

Da er sah, daß sie ihm nicht glaubte, hat er versucht, zu erklären.

»Ich will sagen: niemanden ganz. Schultern, eine Taille, da und dort. Aber dich . . .«

Er machte eine heftige Bewegung mit beiden Händen, als wolle er sie an sich reißen.

»Dich, dich habe ich ganz genommen.«

Von da an gehorcht sie in allem. Ohne je zu sprechen – denn gewisse Worte gehören nur den Männern –, findet sie instinktiv den richtigen Weg, ihn allmählich zu dem hinzuleiten, was sie im Geheimen *die Welt unter dem Schnee* nennt: alles, was vergraben ist, aber pulsiert und was man lernen muß, zu befreien.

Sie lernen schnell. In dem Augenblick, da sie ihn sagen hört: »Öffne dich«, findet sie sich rücklings auf dem Bett wieder. Sie vergißt, daß sie sich dieses zu schmächtigen Körpers lange geschämt hat. Sie gibt sich hin und läßt sich mitreißen. Er geht weit, immer weiter. Sie geht mit ihm, gehorsam und aus freiem Willen, tief erstaunt, daß sie so viel Begierde zu erwecken, und mit so viel Hingabe zu erwidern weiß. Die Wände des Zimmers scheinen allmählich zu schwanken. Sie spürt, daß sie sich sträuben, gegen etwas kämpfen muß, das weither kommt und immer stärker wird, ein Leuchten, das den Schnee schmilzt und sie und ihn in die Dunkelheit zurückwirft, mit dem Gefühl, zu ersticken.

Von einem Bauernhof zum anderen durchqueren sie so das Morvangebirge. Als sie wieder ins Tal gelangen, geht der Schnee in Regen über. An den Ufern der Rhône sind die Felder überschwemmt. Der Wagen muß mit Fähren übersetzen. Jeanne sieht Häuser, die verloren mitten im Wasser stehen. Sie hört, wie die träge Strömung sich gegen die Ufer wälzt.

»Ein Wirbel«, sagt sie halblaut »ein einfacher Wirbel, stärker als die anderen . . .«

»Wovon sprichst du?« fragt der Graf von Verue.

»Von einem Wirbel der den Wagen umwirft.«

»Und was dann?«

»Wir würden hierbleiben, in einem der Speicher. Wir würden unter den Balken liegen. Und durch die Luken würden wir weit und breit nichts als Wasser sehen – und den Ring, an dem das Boot hängt.«

Sie spricht schnell mit einer Art Nervosität, die er an ihr nicht kennt.

»Hast du Angst vor Überschwemmungen?«

»Nein, nicht vor Überschwemmungen.«

»Wovor dann?«

Sie schüttelt den Kopf.

»Vor dem, was kommt.«

»Du meinst: Turin?«

Er nimmt sie ungestüm in seine Arme.

»Aber ich werde der gleiche sein. Was stellst du dir vor? Mein Amt als Kammerherr wird an nichts etwas ändern. Tagsüber natürlich werde ich dich alleine lassen. Aber ich werde jeden Abend da sein. Jeden Abend und jede Nacht, es wird so sein wie jetzt.«

Er wiegt sie wie ein Kind.

»Vom Hof hast du nichts zu fürchten. Man führt dort ein sehr ruhiges Leben. Vielleicht zu ruhig für jemanden in deinem Alter. Aber du wirst dich schnell einleben. Man liebt dich schon jetzt. Man wartet auf dich. Ich habe so viel von dir gesprochen, daß meine Familie schon im voraus für dich eingenommen ist.«

Sie läßt sich wiegen. Sie schläft ein. Aber die Bangigkeit bleibt. Sie ist von anderer Art als in Paris. Eine Bangigkeit, die die anderen erzeugen. Die, denen sie am Abend in den Herbergen begegnen. Denn das Reisen ist leichter geworden, seitdem sie das Gebirge verlassen haben. Sie müssen nicht mehr in den Bauernhöfen Zuflucht suchen. Es gibt Raststationen, wo man wirkliche Betten mit wirklichen Leintüchern für sie bereitet, die man vorwärmt, bevor sie sich hinlegen. Und wenn sie am Morgen aufwachen, bringt man ihnen Gebäck und große Tassen heißer Schokolade. Aber etwas ist für immer zerstört – die Einsamkeit, die nur ihnen gehörte, und in die eingehüllt sie in Sturm und Schnee ausschließlich damit beschäftigt waren, einander kennenzulernen. Jetzt ist man jeden Abend neuen Gesichtern ausgesetzt, die sich, sobald bekannt wird, daß sie jungvermählt sind, mit unverschämtem Lächeln ihnen zuwenden. Jeanne ist unentwegt auf der Hut. Vor allem in der Nacht. Die Wände sind dünn und man hört alles von einem Zimmer zum anderen. Wenn sie es sich verwehrt zu sprechen, so nicht mehr nur aus Schamhaftigkeit, sondern um ihr Alleinsein zu verteidigen. Solange sie von Unbekannten umgeben ist, gelingt ihr das noch. Aber in Turin?

Sie schließt die Augen, als der Wagen über die Grenze fährt, und wie eine Art Zuflucht taucht das Bild der halb versunkenen Speicher vor ihr auf.

III

Die Leidenschaft

Eine hochrosenrote Maske

Als sie Jeanne aus dem Wagen steigen sieht, stößt die Gräfinwitwe von Verue einen kleinen Schrei des Entzückens aus.

»Aber dieses Kind ist ja ein zauberhaftes Vöglein!«

Und der alte Onkel Abbé, den man, nach seinem Vater, Scaglia nennt, erhebt lachend beide Hände.

»Ich würde so weit gehen, zu sagen: das ist eine Gabe Gottes!«

Er wendet sich zu seinem Neffen.

»Wie hätte unser Tunichtgut es auch ohne die Hilfe der Vorsehung zustande gebracht, ein solches Wunder ausfindig zu machen?«

Die Bangigkeit vergeht. Jeanne atmet wieder ruhiger. Auch in Turin ist Winter, aber der Himmel hängt knallweiß, wie ein zur Begrüßung geschwenktes Taschentuch, über den Dächern. Man geleitet sie in ihr Zimmer in den letzten Stock des Palastes. Sie berührt die festen, unbeweglichen Mauern. Nach all den Herbergen, in denen die dünnen Zimmerwände sich ständig bewegten, fühlt sie sich in Sicherheit. »Mein Zimmer«, denkt sie, nimmt es jedoch sogleich zurück. Nichts gehört hier ihr. Sie muß lernen, »wir« zu sagen.

Das lernt sie um so leichter, als das Leben am Hof sie dazu zwingt. Die Schilderungen des Grafen von Verue hatten recht wenig mit der Wirklichkeit zu tun. *»Sehr ruhig, du wirst sehen, vielleicht ein wenig zu ruhig für jemanden in deinem Alter. . . .«* In Wahrheit ist sie überhaupt nicht vorhanden. Jeder ist mit einer bestimmten Beschäftigung betraut, der er schweigend nachgeht, und die Türen bleiben geschlossen. Der König ist unsichtbar. Von Ehrgeiz für seinen persönlichen Ruhm und den seines Königreiches verzehrt, führt er ein Leben von fast krankhafter Enthaltsamkeit, hält einen Staatsrat nach dem anderen, gewährt sich als einzige Ablenkung ein wenig Musik am Abend und öffnet seine Salons nur, um seiner Frau Freude zu bereiten – das heißt: nie, denn sie ist ihm gleichgültig.

Jeanne wird ihm am Abend ihrer Ankunft vorgestellt. Er blickt sie kaum an, murmelt ein paar Worte und wendet sich ab. Sie ist erstaunt. Nach dem so überaus huldvollen Brief, den der Herzog von Luynes empfangen hatte, war sie auf einen anderen Empfang gefaßt gewesen.

»Habe ich etwas getan, das Mißfallen erregt hat?«

»Es hat nichts mit dir zu tun«, antwortet der Graf von Verue. »Er behandelt alle so. Außer für Minister und Botschafter interessiert er sich für niemanden.«

Die Gräfinwitwe, die dem Zusammentreffen beiwohnte, zuckt die Achseln.

»Daran muß man sich gewöhnen, Kleine.«

Jeanne gewöhnt sich sehr schnell. Mit stillen Häusern und verlassenen Gängen ist sie aufgewachsen. Zwischen Paris und Turin hat sich für sie nicht viel geändert. Wieder sind lange Nachmittage zu überstehen, während sie wartet, daß der Kammerherr seinen Dienst beendet und wieder ihr Gemahl wird. Aber sie muß sich, um auf ihn zu warten, nicht mehr in einem Winkel des Treppenhauses verstecken. Sie hat viel zu Hause zu tun. Die Erzählungen ihrer Schwestern fallen ihr ein, und sie entdeckt nun ihrerseits das Spiel der Koffer- und Kassettenschlüssel, erkennt, daß es Zeit kostet, einen Schrank mit Wäsche zu füllen, und noch mehr Zeit, die einzelnen Stücke wiederzufinden. Bis zu seiner Vermählung hatte der Graf von Verue mit seiner Mutter gelebt. Man hatte in Eile den Speicher durchsuchen müssen, um Möbel für ihn zu finden. Nur das absolut Notwendige natürlich – Enthaltsamkeit verpflichtet. Aber Jeanne macht es Freude, so zu tun, als gäbe es zu viele Möbel, als sei das Zimmer überfüllt, und stellt sie so dicht aneinander, daß, ohne darüber nachzudenken, ihr Mann immer nahe bei ihr ist. So nah, daß es genügt, die Hand auszustrecken. Und die Tage vergehen, und sie finden den Schnee der Berge wieder, das weiße Gespinst, in dem sie sich einfangen hatten lassen.

»Kleine Spinne«, sagt er eines Abends lachend zu ihr.

Sie macht eine Bewegung zu ihrem Bauch.

»Ich auch, ich bin auch gefangen.«

Sie weiß es seit ein paar Stunden, und es berührt sie noch nicht, ein Mißgeschick ohne Bedeutung. Als sie es erfuhr, sagte sie sich, daß sie noch kaum begonnen hätten, einander zu kennen und daß es ein wenig zu früh geschehen sei. Sie weiß noch nicht, wie ihr Mann es aufnehmen wird, denn sie haben bisher nie von Kindern gesprochen, auch nicht von der Möglichkeit, welche zu haben. Sie weiß nur, daß, sollte er auch nur die geringsten Bedenken zeigen, sie das Notwendige tun würde, um sich davon zu befreien.

Lange Zeit bleibt er reglos, blickt weit über sie hinaus, als habe er nicht gehört. Plötzlich neigt er sich vor, berührt ihren Bauch.

»So bald?« murmelt er.

Und er beginnt leise zu lachen.

Von diesem Abend an entschließt er sich, zu ihr zu sprechen. Er erzählt ihr, was er bisher immer geheimgehalten, von seiner Kindheit, seinem sehr jung verstorbenen Vater, den er nicht gekannt und der ihm dieses Amt hinterlassen hat, den Namen, die Familie, den Gehorsam gegenüber dem König. Er spricht von den Ländereien, die die Verue in Piemont besitzen, von den Höfen, den Pferden und Hunden, von einem Haus, in dem er aufgewachsen und in das er nie zurückgekehrt ist, weil er fürchtete, dort allein zu sein, aber er verspricht Jeanne, mit ihr hinzugehen, nun, da sie zu dritt sein werden. Jeanne hört ihm voll Staunen zu. Nie hat sie an ihren Mann gedacht als an ein Kind hinter einem Fenster, allein, wie sie allein gewesen war, wartend, wie sie gewartet hatte. Und so finden sie einander in Szenen ihrer Kindheit wieder, die sich so vollkommen gleichen, daß sie ihnen schließlich gemeinsam gehören.

Während ihrer Schwangerschaft spricht er zu ihr in der Dunkelheit, oft bis der Morgen dämmert, Körper an Körper berührt er zuweilen ihr Gesicht, um sich zu vergewissern, daß sie nicht schläft. Und was Jeanne wach hält, ist weniger das, was er sagt, als seine Stimme, die Farbe seiner Stimme im Dunkeln, diese erstickte Flamme, wie unterdrückte Leidenschaft, die dann und wann zu einem Lachen anschwillt. Sie liebt dieses Lachen. Sie liebt es, wie er sich lachend zu ihrem Bauch neigt, sein Ohr daranhält und versucht, zu hören, was sich bewegt. Er sagt halblaut:

»Der Lebenssaft . . .«

Er spricht wie von einem Baum, wie von einer Wurzel, die wieder treibt.

»Mein Vater, der gegen den Himmel wächst . . .«

Immer ist dieser Abwesende bei ihnen, dieser Mann in seiner Erde, und in Wahrheit ist er es, mit dem er redet, ist er es, dem er verspricht, seinen Schatten dichter und weiter zu machen, damit man den Baum überall sehe.

Schließlich spricht er über den König. Über dieses Amt eines Kammerherrn, das ihm bisher zugesagt hat, das ihm aber allmählich nicht mehr genügt – ein Ehrgeiz, den er sich nicht einzugestehen wagte, denn er ist bei Hof nicht gestattet. Jeder muß sich damit bescheiden, zu gehorchen. Aber mit diesem Kind, das ihm ins Gesicht blicken wird, sollte man rechtzeitig lernen, den Kopf zu heben. Und wer weiß . . .

»Ja, wer weiß? Wir werden vielleicht noch andere Kinder haben . . . Wenn wir mehr sind, muß man neue Zimmer finden. Kannst du dir das vorstellen? ein ganzes Stockwerk im Palast, das uns gehören wird . . .«

Ein Knabe wird ihnen geboren. Und zwei Jahre später ein Mädchen. Mit ihnen tritt Jeanne aus dem Schatten. Alles was das kleine Mädchen im Stiegenhaus bedrückt hatte, kehrt sich um und strahlt nun von ihr aus. Ihre Mutterschaft macht sie nicht schwerfällig, sondern im Gegenteil geschmeidig, gibt ihr Sicherheit und innere Harmonie. Mit zwanzig Jahren hat sie nichts mehr von dem Vöglein, als das ihre Schwiegermutter sie bezeichnet hatte. Sie ist lebhaft, sie ist fröhlich, sie hat Verstand. Und sie ist schließlich auch bereit, ihn zu zeigen, mit Zurückhaltung natürlich, um nicht frech zu erscheinen.

So vergehen fünf Jahre.

Wenn Jeanne in einem Brief an ihren Vater erklären will, was diese Zeit für sie bedeutet, schreibt sie: fünf glückliche Jahre.

IV

Die Treue

Eine blaue Maske

Und eines Tages taucht Viktor Amadeus plötzlich aus seinem Schweigen auf, öffnet seine Salons, organisiert Feste und gebietet seinen Geigen, zum Tanz aufzuspielen. Er beginnt sogar selber zu tanzen. Der Hof ist außer sich. Da er sich immer als treuer Ehemann betragen hat, denkt niemand daran, daß er verliebt sein könnte. Man sucht vielmehr nach politischen Motiven, die dem Ansehen des Königreiches dienen könnten: der Jahrestag eines Sieges, Verbündete, die zu gewinnen sind. Aber auch auf diesem Gebiet ist nichts zu finden. So gelangt man allmählich zu der Überzeugung, daß der König wahnsinnig sei. Seine Bewegungen, seine Blicke, seine Launen, alles weist darauf hin. Er ist wahnsinnig verliebt in Jeanne.

»In dich?«

Der Graf von Verue beginnt zu lachen.

»Woher willst du das wissen?«

»Weil er mich anblickt.«

»Da siehst du, wie du bist.«

Er lacht wieder.

»Früher hast du dich beklagt, weil er dich übersah. Heute beklagst du dich, weil er dich anblickt!«

Jeanne zögert.

»Belustigt es dich?«

»Ich hoffe, dich auch. Welche Revanche für das kleine Mädchen aus dem Treppenhaus! Sie lenkt den Blick eines Königs auf sich! Und es ist um so komischer, weil du die erste bist. Der ganze Hof wird es dir bestätigen. Er hat, soviel man weiß, nicht die harmloseste Liebesaffäre gehabt.«

»Und es stört dich nicht?«

»Daß der König meine Frau anblickt? Im Gegenteil, es schmeichelt mir. Ich habe nichts zu fürchten. Ich vertraue dir.«

Er zieht sie an sich.

»Stimmt es, daß ich dir vertrauen kann?«

So wie sie ihm vertraut. Und da es ihn belustigt, da er sagt, daß sie nichts zu fürchten hat, da er sie in seine Arme nimmt, um sie zu beruhigen, lacht sie schließlich mit ihm.

Aber sie ist nicht mehr fünfzehn Jahre alt. Sie erkennt die Begierde eines Mannes, sie erkennt, daß Viktor Amadeus sie immer stärker begehrt. Daß er gegen seine Gewohnheiten und gegen seinen Geschmack seine Salons öffnet, geschieht, damit Jeanne ihn endlich begreift. Da sie hartnäckig darauf besteht, sich taub zu stellen, spricht er zu ihr durch seinen Haushofmeister.

Jeanne erhält bestätigt, was sie schon weiß. Daß der König an ihr Gefallen gefunden hat. Daß er von Leidenschaft zu ihr erfüllt ist. Einer Leidenschaft, die um so stärker ist, als er sie heftig bekämpft hat. Alles hat sich vor fünf Jahren abgespielt, als er dieses Kind aus dem Wagen steigen und sein erstauntes Gesicht zum Himmel von Turin erheben sah. Daß er an jenem Tag mit gespielter Gleichgültigkeit und Mißtrauen reagierte, war nur eine Form, sich selber zu belügen, an der er jahrelang festgehalten hat. Vergebens. Er ist mit jedem Tag verliebter. Alles außer Jeanne erfüllt ihn mit Langeweile. Macht und Politik sind ihm gleichgültig. Er gähnt im Staatsrat. Sein Ehrgeiz erscheint ihm lächerlich gegenüber einem Lächeln, das es zu entlocken und einem Herzen, das es zu gewinnen gilt. Die Feste, die er gibt, haben nur dies eine Ziel. Jeden Abend widersteht er der Versuchung, seine Höflinge zu entlassen, um mit ihr allein zu sein. Kurz, er ist krank. Um seiner und seines Königreiches Gesundheit willen fleht er sie an, sich lieben zu lassen.

Man mache sich keine falschen Vorstellungen: Diese Leidenschaft ist nicht die eines alten Mannes für ein junges Mädchen. Auch Viktor Amadeus war jung und schön. Vielleicht nicht ganz so jung wie der Graf von Verue, aber zweifellos schöner. Groß, schlank, kühn, hatte er eine stolze Haltung, einen unglaublich lebhaften Blick, und alles, was er tat, war von so natürlicher Vollkommenheit, daß er ganz selbstverständlich den ersten Platz einnahm, ohne auf die Schmeicheleien der Höflinge angewiesen zu sein.

Aus den Worten des Haushofmeisters entnimmt Jeanne, daß der König nicht plötzlich ein anderer geworden ist, wie der Hof zu glauben scheint. Er hat nur die Macht gegen die Liebe eingetauscht und kämpft um sie mit der gleichen Leidenschaft und der gleichen Härte, ohne Rast und Ruhe, einen Abnutzungskrieg, in dem alle Mittel erlaubt sind.

Sie erschrickt, erzählt alles ihrem Mann und beschließt, nicht mehr auf den Festen zu erscheinen.

»Was heißt das, nicht mehr erscheinen?«

Die Gräfinwitwe von Verue ist in ihr Zimmer eingedrungen.

»Und warum, wenn ich bitten darf?«

»Migräne.«

»Mir kannst du das nicht erzählen, Kleine.«

Sie hebt ihr mit dem Fächer das Kinn.

»Die Wahrheit.«

Jeanne wiederholt ihrer Schwiegermutter, was sie gerade ihrem Mann berichtet hat. Die Schwiegermutter lacht, auch sie, aber ihr Lachen klingt wie Bellen.

»Die kleine Französin, wie sie im Buch steht! Sich wichtig machen! Und glauben, man braucht nur an einem fremden Hof aufzutauchen und schon verlieren die Männer den Kopf!«

Der Graf von Verue schaltet sich ein.

»Ich dachte wie Sie, verehrte Mutter, als Jeanne mir zum ersten Mal ihren Verdacht anvertraute. Heute jedoch hat ihr der König eine Botschaft übermittelt.«

»Und wenn es sich um eine Prüfung handelt? Wenn er damit nur unsere Treue erproben wollte? Denn in Turin weiß jeder, daß er für Frauen nie das geringste Interesse gezeigt hat. Und auf einmal für diese hier . . .«

Wieder ein Bellen, aber ein sehr trockenes.

»Doch selbst wenn! Nehmen wir an, es sei wahr, daß der König an ihr Gefallen findet. So ist das sein Recht, denn er hat alle Rechte. Also, Kleine höre gut zu.«

Sie tritt näher zu Jeanne.

»Mein Sohn wollte dich heiraten. Der König hat seine Zustimmung gegeben. Das bedeutet, daß du ihm gehörst. So wie ich ihm gehöre, ich, jawohl, als Hofdame der Königin, und dein Mann als Kammerherr, und dein Onkel, Abbé Scaglia, als Staatsminister. Unsere Familie gehört ihm, und das Benehmen eines einzigen ihrer Mitglieder setzt die Zukunft der anderen aufs Spiel. Daher wirst du einen klaren Kopf bewahren.«

Sie wendet sich an ihren Sohn.

»Migräne oder nicht, du geleitest sie zum Tanz.«

Jeanne sucht den Blick ihres Mannes. Aber er hat sich zur Tür gewendet, durch die seine Mutter gerade hinausgegangen ist.

»Sie kennt den Hof besser als wir«, sagt er halblaut. »Kleide dich um. Man erwartet uns.«

Da Jeanne sich nicht rührt, macht er eine Bewegung der Ungeduld.

»Es ist eine einfache Frage der Ehre. Indem ich dich zur Frau nahm, habe ich aus dir eine Gräfin gemacht. Wer auch immer glaubt, in sie verliebt zu sein – wer auch immer, verstehst du mich –, sie darf es, das gebietet ihr die Ehre einer Gräfin, nicht bemerken. Es sei denn . . .«

Er senkt die Stimme.

»Es sei denn, du sagst nicht die ganze Wahrheit. Du fürchtest dich nicht wirklich vor dem König. Du fragst dich vielmehr, ob du ihm wirst widerstehen können . . .«

Er blickt sie immer noch nicht an.

»Wenn es so ist, dann tust du besser, es offen zu gestehen.«

»Du vertraust mir nicht mehr?«

»Oh, Jeanne . . .«

Er nimmt sie in seine Arme, drückt sie mit aller Kraft an sich, und plötzlich ist sie ein Kind, jemand, den man tragen und wiegen muß.

»Es ist nur wie ein Gewitter. Ein kleines Gewitter. Du wirst sehen, alles wird sich wieder beruhigen. Nach einer Weile wird der König wieder zu sich kommen. Er wird wieder Geschmack an der Macht finden. Bis dahin muß man mitspielen. Damit er uns später, wenn alles vorüber ist, nichts verübeln kann.«

Sie schüttelt den Kopf.

»Nicht später. Jetzt. Antworte mir jetzt. Vertraust du mir nicht mehr?«

Er küßt ihr Haar.

»Dir ja. Aber ihm?«

Jeanne nimmt also an den Festen teil, und alles beginnt von neuem. Oder vielmehr, alles geht weiter. Was ihr durch den Haushofmeister gesagt worden ist, steht zwischen ihnen wie eine Drohung. Der König verdoppelt seine Bemühungen, und sein Gesicht wird dabei spitz und hohl, scharf wie eine Klinge, die die Angeln einer Tür sprengen will. Er verliert allmählich seine königliche Haltung und sieht wie einer aus, der durch Gänge schleicht und in Ställen spioniert, überall horcht und schnüffelt, und manchmal blitzt etwas in seinen Augen auf, wie Lust zu morden. Jeanne hat keine Zeit mehr, sich zu fürchten. Sie ist zu sehr damit beschäftigt, selber zu spionieren, im voraus zu berechnen, wo man sie überraschen könnte und was sie riskiert, wenn sie sich allein hinauswagt. Doch die Nächte gehören ihr, zumindest jene, die nicht auf Festen verschwendet werden, das Geheimnis ihrer gemeinsamen Nächte, ihrer Körper, die sich immer mehr öffnen, und dieses Glühen, wenn sie *die Welt unter dem Schnee* erreicht haben.

Bis zu dem Tag, da der Graf von Verue von Viktor Amadeus mit einer Mission beim König von Spanien betraut wird. Er kündigt es Jeanne wie einen persönlichen Triumph an und fügt hinzu, daß er am nächsten Morgen abreisen werde.

»Eine sehr wichtige Mission. Die mir Freude macht. Die mir schmeichelt. Um die mich viele am Hof beneiden. Denn sie ist ein Beweis für das Vertrauen des Königs.«

Er ist glücklich. Und verbirgt es nicht. Er hat das Gesicht eines, der endlich aus dem Schatten tritt, und es scheint, als sei *er* es, der lange im Winkel eines Treppenhauses hat warten müssen. Er lacht ganz leise. Er sagt, daß es für einen jungen Mann seines Alters sehr unerwartet komme. Und daß, wenn seine Mission, über die er nicht zu reden berechtigt ist, Erfolg habe, dies großen Ruhm für ihn und die Seinen bedeute, und die Gewißheit, daß der König ihm noch weitere, immer wichtigere Missionen anvertrauen und er der Macht immer näher rücken werde.

Jeanne hört zu, ohne zu hören. Sie hat nur die Worte »Ich reise morgen« verstanden. Sie wünschte, er würde sie wiederholen. Denn sicher hat sie schlecht verstanden. Er muß gesagt haben: »Wir reisen morgen.« Schließlich fragt sie:

»Und ich?«

Er blickt sie verständnislos an.

»Du? Aber . . .«

Sein Gesicht verschließt sich.

»Versuche zuzuhören, wenn ich spreche. Ich werde auf eine Mission geschickt. Auf eine geheime Mission. Wie willst du mich da begleiten?«

Sie läßt sich auf die Knie gleiten.

»Ich bitte Sie darum.«

»Jeanne . . .«

Er will sie aufheben. Sie wehrt sich.

»Lehnen Sie ab, ich bitte Sie darum.«

Sie sagt instinktiv »Sie«, wie am ersten Tag.

»Lassen Sie mich hier nicht allein.«

Sie wirft sich vor ihm nieder.

»Sie haben vor fünf Jahren bei meinem Vater um mich angehalten. Sie haben mich geheiratet. Sie haben verlangt, daß ich in einem Land lebe, das nicht das meine ist. Ich bin Ihnen gefolgt. Es war Winter, erinnern Sie sich. Überall war Schnee. Man hat Feuer gemacht. Sie haben mich in die Arme genommen, um mich zu erwärmen.«

Sie umfaßt seine Beine. Er versucht sich zu befreien.

»Jeanne . . .«

»Ja. Sie nannten mich Jeanne. Sie liebten mich. Sie bewiesen es mir jede Nacht. Ich gehörte Ihnen – jede Nacht. Ich gehöre Ihnen noch immer. Ich trage Ihren Namen. Ich habe Ihnen zwei Kinder geschenkt. Hören Sie auf mich, wenn Sie mich noch lieben, und beschützen Sie mich. Ich bin in Gefahr.«

Es gelingt ihm, sich zu befreien, er zieht sich zur Tür zurück.

»Allerhöchstens einen Monat«, sagt er mit leiser Stimme.

Plötzlich überkommt ihn Zorn, gegen sie, gegen sich, gegen das, was sie von ihm erwartet und was er ihr unmöglich geben kann.

»Ja, ein Monat, und ich bin wieder da. Inzwischen hast du meine Mutter. Meinen Onkel. Du weißt, mit ihnen kann dir nichts geschehen. Also, wozu das alles?«

V

Die Beharrlichkeit

Eine weiße Maske

Die Hunde laufen bellend um den Wagen herum. Jeanne hört sie durch das Wagenfenster. Sie lehnt ihre Wange gegen den Muff. Es ist Ende November. Hinter den Einfriedungen sieht man kleine weiße Wolken aufsteigen, stoßweise, als hätte die Erde Mühe, zu atmen.

»Wir fahren zurück«, sagt Frau von Cumiana.

»Richtung Turin?« fragt Fräulein von Trévie.

»Eher Richtung Rivoli.«

Die Reiter sitzen wieder im Sattel. Sie reiten auf eine Baumgruppe links von der Straße zu. Die Meuten sammeln sich und folgen ihnen. Ein paar Sekunden hört man ohrenbetäubendes Bellen, dann ist Stille. Ein Lakai sammelt die Proviantkörbe.

»Behalten wir die Gläser und den Wein, der noch übrig ist«, schlägt Fräulein von Trévie vor.

»Von hier bis Rivoli werden wir ihn noch brauchen können.«

Sie sind zu viert und seit dem Morgen in diesem Wagen eingeschlossen. Jeanne kennt Frau von Cumiana und Fräulein von Trévie flüchtig, sie ist ihnen auf Festen begegnet, ohne je mit ihnen zu sprechen. Die vierte Frau ist sichtlich älter und sitzt als einzige auf weichen

Kissen. Sie blickt vor sich hin und lächelt zuweilen, ein kleines amüsiertes Lächeln.

Der Wagen fährt wieder an. Die Reiter sind jenseits der Baumgruppe. Man erkennt sie als graue Flecken am Horizont. Auf die Bitten der Bauern von Pianezza, deren Ställe Nacht für Nacht von Wölfen überfallen werden, hat der König beschlossen, den Wolf zu jagen. Und diese Jagd bietet ihm Gelegenheit für ein neues Fest. Die Männer nehmen alle daran teil. Die Frauen folgen im Wagen. Hinter ihnen die Köche, die ihre Feldküchen vor sich herschieben.

»Wo tragen Sie Ihr Strumpfband?« fragt Fräulein von Trévie. »Unterhalb oder oberhalb des Knies?«

Frau von Cumiana zieht ihre Röcke hoch.

»Oberhalb, wie eine wirkliche Dame.«

Sie blicken sich lachend an. Jeanne würde gerne mit ihnen lachen. Aber sie gehört nirgends dazu, zu keiner Kartenpartie, zu keinem Plauderkränzchen. Bisher hatte sie das nicht wirklich bemerkt, denn für sie hatte nur ihr Mann existiert. Erst diese Reise nach Spanien ließ sie erkennen, daß sie keinerlei Bindungen, keinerlei Beziehungen zu irgendjemandem hatte. Mit wem sollte sie sprechen, wenn sie das Bedürfnis empfand? Oder auch ohne zu sprechen, welchem Blick konnte sie begegnen, um das Gefühl zu haben, daß sie existierte?

»Wo sind wir?« fragt plötzlich Fräulein von Trévie, die eingeschlummert war.

»Noch mehr als zehn Wegstunden von Turin entfernt, nehme ich an«, antwortet Frau von Cumiana.

Sie beugt sich zum Fenster, das beschlagen ist, und wischt mit der Faust darüber.

»Mein Gott! Aber es ist schon Nacht. Wie lange werden wir noch weiterfahren?«

Auch die Frau auf den Kissen wischt über die Scheibe.

»Wir treffen in Giaveno ein. Ich erkenne den kleinen Kirchturm. Unser König besitzt hier ein Landhaus.«

Draußen ruft jemand und der Wagen bleibt stehen. Ein Reiter mit einer Laterne öffnet die Tür. Er erklärt den vier Frauen, daß die Jagd sie zu weit von Turin entfernt habe, um noch dorthin zurückzukehren, daß der König die Damen seines Gefolges bitte, ihm gütigst zu verzeihen, daß sie Unterkunft in seinem Haus in Giaveno finden würden und daß er selber dafür gesorgt habe, daß diese Unterkunft so komfortabel wie möglich sei. Er grüßt und geht zum nächsten Wagen.

Jeanne hat die Augen geschlossen. Sie hat plötzlich das Gefühl, daß die anderen sie beobachten. Sie müßte irgendetwas sagen, egal was, um ihnen zu zeigen, daß sie das Spiel mitmacht. Aber die Flamme dieser Laterne war wie ein Fieber, sie sieht ihr Flackern hinter geschlossenen Lidern, und dann überstürzt sich alles, als galoppierten die Pferde durch einen wirren Lärm von Zweigen, Steinen, knarrenden Rädern, wieder aufheulendem Gebell, und als der Wagen endlich anhält und ein Diener die Treppe aufklappt, ist Jeanne überzeugt, daß alle da sind und auf sie warten. Doch nein. Es sind nur Frauen da. Sie hört jemanden sagen, daß die Reiter weit voraus sind, daß sie, wenn notwendig, die ganze Nacht ausbleiben werden, daß sie sich weigern, die Jagd zu unterbrechen, bevor sie nicht alle Wölfe erlegt haben. Die Gräfinwitwe von Verue wärmt sich die Hände an einem Ofen.

»Nun, Kleine«, sagt sie zwischen den Zähnen, »man ist nicht bereit, mit den anderen zu lachen?«

Alles ist hell und frisch in Giaveno, von ähnlicher

Nüchternheit wie der Palast in Turin, aber in einem Landhaus ganz natürlich. Die weißen Mauern, das Holz der Balken, die eisernen Feuerböcke, das Schimmern der gewachsten Möbel umgibt die Frauen mit geheimnisvoller Anmut, und Jeanne vergißt allmählich ihre Müdigkeit.

Nach dem Abendessen meldet eine Frau, die die Aufgabe einer Haushälterin zu erfüllen scheint, daß die Zimmer bereit seien und daß jeder Gast seinen Namen auf der Tür finden würde. Dienerinnen zünden Fackeln an, um die Damen damit zu begleiten. Jeanne erhebt sich mit den anderen. Das Haus hat zwei Flügel, die von der Fassade aus nicht sichtbar sind und in deren mit Buchsbaum getäfelten Gängen sich nun eine Tür nach der anderen schließt. Jeanne bleibt als letzte zurück.

»Habe ich kein Zimmer?«

»Etwas weiter hinten, Frau Gräfin.«

Der Gang macht eine Biegung und an seinem Ende sieht sie die Tür mit ihrem Namen. Jeanne dankt der Dienerin, nimmt die Fackel und untersucht aufmerksam das Holz der Tür. »Gott sei Dank«, denkt sie, »da ist ein Riegel.« Sie stößt ihn zu und vergewissert sich, daß er gut schließt. Das Zimmer ist lang und schmal, hat als einzige Möbel ein Bett und zwei Sessel, vor dem Bett einen blauen Teppich und Vorhänge im gleichen Blau vor den drei Fenstern. Sie schiebt einen Vorhang zur Seite und versucht hinauszusehen, aber die Nacht ist zu dunkel. In einiger Entfernung glaubt sie etwas glitzern zu sehen, vielleicht eine Wasserfläche hinter den Buchsbäumen, und sie lehnt einen Augenblick die Stirn an die Fensterscheibe, um die Bewegung des Wassers zu beobachten. Dann zieht sie einen Sessel an den Kamin, in dem ein großes Feuer brennt, und stellt die

Fackel auf den Boden. Sie weiß, daß sie nicht schlafen wird. Sie erinnert sich an den kleinen Kirchturm, von dem die Frau im Wagen gesprochen hat. Sie hofft, daß er die Stunden schlägt und daß sie die Schläge zählen kann. Sie denkt an die Bauernhöfe von damals, an die Betten, die man für sie bereitete, an den so lange regungslosen Körper ihres Mannes, der mit ihrem atmete. Sie sieht wieder die Häuser vor sich, die von der Rhône überschwemmt waren, die Speicher, die aus dem Wasser ragten, und die Barke, von der sie geträumt hatte, daß sie an der Dachluke befestigt war. Damals, in jener Nacht, hatte sie fliehen wollen, sie wollte vom Dach auf das Wasser hinuntergleiten und von einem Fluß zum anderen, vielleicht bis Spanien gelangen. Die Erinnerung daran ist so lebendig, daß sie den Ring klirren hört. Kleine Schläge gegen einen Eisenrahmen. Anfangs verwechselt sie sie mit dem Prasseln des Feuers. Aber sie werden deutlicher. So deutlich, daß Jeanne sich aufrichtet. Man klopft an die hölzerne Scheidewand. Sie blickt sich um. Dort hinter dem Bett bewegt sich etwas. Sie stößt einen Schrei aus und springt auf. Die Fackel fällt um. Langsam dreht sich die Scheidewand um sich selber und gibt den König frei.

»So, da bin ich«, sagt er mit dumpfer Stimme.

Er trägt noch seine Jagdkleidung, seine schwarzen Lederstiefel, die im Dunkel verschwinden. Das Feuer beleuchtet nur sein Gesicht und seine Hände, die die Scheidewand halten.

»So, jetzt sehen Sie, wozu Sie mich zwingen: Ich habe Ihnen eine Falle gestellt. Wenn ich Ihnen jemanden schicke, der für mich spricht, weigern Sie sich, zuzuhören. Jetzt zumindest werden Sie mich anhören müssen.«

Das Reden bereitet ihm Schwierigkeiten, als habe er Angst vor den Worten, die er ausspricht.

»Ich habe ein Tier unter meinem Hemd. Es gräbt seine Zähne in mein Fleisch, wenn ich an Sie denke – und das tue ich ununterbrochen. Ich habe überall Wunden. Wieso mußte mir das geschehen? Ich habe nie eine Mätresse gehabt. Die Königin nehme ich nicht wahr. Selbst bei offiziellen Zeremonien, wo es sich gehört, daß sie meinen Arm nimmt, sehe ich sie nicht. Und jetzt Sie? Ich verstehe es nicht.«

Er wiederholt zweimal halblaut: »Ich verstehe es nicht.« Seine Faust stößt die Scheidewand zurück.

»Ich habe daran gedacht, die Familie Verue aus Piemont zu vertreiben. Als hätte sie die Pest. Sie wären mit ihnen gegangen. Aber das Tier würde nicht aufhören, mich zu zerfleischen. Wenn ich Sie sehe, ist es erträglich. Ohne Sie ginge es nicht, das weiß ich. Dieses ganze Theater, das ich seit Monaten mache, um Ihnen zu gefallen – nicht einmal, um Ihnen zu gefallen, um Ihre Aufmerksamkeit auf mich zu lenken, als sei ich hier nichts, nichts als ein Hund in meiner Meute, die Sie seit heute früh bellen hören, und wenn ich Ihnen sage, daß ich sie beneide, werden Sie es nicht verstehen, ja, ich beneide meine Hunde, denn sie jagen Wölfen nach und wissen, daß sie sie schließlich stellen und ihnen die Kehle durchbeißen werden, aber ich? Ich bin nur da, um zu warten, daß Sie mich anblicken.«

Er macht einen Schritt in das Zimmer hinein. Jeanne hebt beide Hände zum Mund. Sie würde gerne zur Tür zurückweichen, aber sie hat das Gefühl, daß ihre Beine ihr nicht mehr gehorchen. Sie kann nur den Kopf schütteln, mit kleinen, ruckartigen Bewegungen, als wolle sie nein sagen.

»Wovor haben Sie Angst?« fragt der König in plötzlichem Zorn. »Ich habe nichts Abschreckendes. Ich sagte Ihnen soeben, daß ich Sie liebe und daß ich Sie haben will, aber ich werde Sie nicht mit Gewalt nehmen.«

Er reibt wütend seine Ärmel aneinander, als wolle er alles wegwischen, was nach Jagd riechen könnte.

»Zünden Sie diese Fackel wieder an, wenn es Sie beruhigt. Ziehen Sie die Vorhänge zurück. Man wird Sie von den anderen Zimmern aus sehen. Bei vollem Licht riskieren Sie nichts.«

Er blickt sie mit einer Art Betroffenheit an, als sei er, zum ersten Mal in solcher Nähe, nicht mehr sicher, sie im Halbdunkel zu erkennen. Dann geht er wieder zu der Scheidewand.

»Sehen Sie her, was uns trennt. Kaum ein paar Schritte. Ich überlasse es Ihnen, sie zu tun. Nehmen Sie sich Zeit, aber Sie werden sie tun. Denn ich wiederhole, ich will Sie haben. Hoffen Sie nicht, daß ich aufgebe.«

Die Wand schließt sich wieder. Jeanne sucht auf Zehenspitzen nach der Fackel. Es gelingt ihr, sie anzuzünden. Dann tut sie, was der König ihr geraten. Sie geht zu einem der Fenster, zieht die Vorhänge zurück und steht aufrecht in vollem Licht, den anderen Zimmern zugewandt. Sie würde gerne aufhören, den Kopf zu schütteln, aber es gelingt ihr nicht, sich zu beherrschen, und sie fährt fort, nein zu sagen.

So findet man sie am frühen Morgen. Sie friert und klappert mit den Zähnen. Das Feuer ist schon seit langem verlöscht. Sie hat nicht daran gedacht, es wieder anzufachen. Man führt sie zurück nach Turin. Legt sie ins Bett. Läßt einen Arzt kommen. Sie bittet den Arzt, zu erwirken, daß man sie nach Paris schickt. Nur das kann sie heilen. Sie will ihren Vater wiedersehen. Sie ist schon zu lange Zeit von ihm getrennt. Vom König dazu angeleitet, weigert sich die Gräfinwitwe, Jeanne reisen zu lassen, solange ihr Mann im Ausland weilt. Nur er darf entscheiden, sobald er von Spanien zurückgekehrt ist. Aber ihr Zustand wird ernster. Sie hat Erstickungsanfälle. Auf den Arm des Arztes gestützt, fleht sie:

»Man soll mich nach Paris fahren lassen. Nur dort werde ich wieder atmen können.«

Schließlich verliert der Arzt die Hoffnung, sie zu heilen. Er eröffnet dies dem König, der daraufhin die Reise Jeannes genehmigt. Aber Paris ist zu weit von Piemont. Sie wird nach Bourbon-Lancy reisen. Ihr Onkel, Abbé Scaglia, wird sie begleiten.

Am gleichen Abend schreibt Jeanne an ihren Vater:

»Man erlaubt mir nicht, bis zu Ihnen zu reisen. Aber in vier Tagen werde ich in Bourbon-Lancy sein. Ich beschwöre Sie, mir dorthin entgegenzukommen. Ich bin leidend. Ich brauche Sie, um gesund zu werden.«

VI

Die Hoffnung

Eine grüne Maske

Sie geht am Arm ihres Vaters. Sehr langsam, denn sie gerät schnell außer Atem. Sobald sie eine Bank sieht, setzen sie sich nieder. Sie lehnt sich an ihn. Er legt den Arm um ihre Schultern. Sie sitzen trotz der Kälte lange, ohne sich zu regen, als hielte der Winter sich von ihnen fern. Sie sprechen nicht. Noch nicht. Sie müssen einander erst wiederfinden. Die, die der Herzog von Luynes vor fünf Jahren abreisen sah, war noch ein Kind. Die, die er in Bourbon-Lancy wiedersieht, ist eine alte Frau. Sobald er sie durch das Fenster der Herberge erblickt hatte, wußte er, daß sie, mehr noch als an ihrer Krankheit, an einer Wunde litt, die so tief war, daß er nicht das Recht hatte, an sie zu rühren. Er mußte warten, bis sie selber den Mut dazu fand, und sich damit begnügen, da zu sein, aufmerksam, bereit, für sie zu atmen, ohne sich je zu entfernen, auch nicht in der Nacht, und da ihre Zimmer aneinanderstoßen, läßt er die Tür offen.

Und das ist es, was Jeanne nach und nach beruhigt. Die Erinnerung an eine andere Tür, an ihren Bruder Charles, der damals zu ihr hereinkam und sie küßte und murmelte: »Du riechst nach Nacht.« All das liegt schon weit zurück, aber es gelingt ihr, sich daran zu erinnern, an die Terrasse und die Schatten, den Gang im ersten Stock, die Äpfel von *Sakristei.* Es gelingt ihr um so leichter, als ihr Vater der gleiche geblieben ist. Vielleicht ist er ein wenig gebeugter, geht nicht mehr ganz so sicher, doch sein Gesicht hat sich in den fünf Jahren nicht verändert, es ist immer noch ein wenig zu rot, mit schmalen Augen, die weit über die Bäume hinausblikken, und einer natürlichen Würde, die ihn wie ein Mantel umhüllt. Ihre Erstickungsanfälle werden seltener. Schließlich kann sie wieder sprechen.

Sie sagt alles. So langsam, wie sie geht. In kleinen, von Schweigen unterbrochenen Sätzen. Sie beginnt bei dem Tag ihrer Ankunft in Turin, dem abgewandten Blick des Königs, den sie für Gleichgültigkeit hielt, den ersten Anzeichen einer Leidenschaft, die sie nicht erkannte. Dann schildert sie die Botschaft des Haushofmeisters, das verächtliche Lachen der Gräfinwitwe von Verue, als sie ihr diese wiederholte, und endet mit dem Bericht über den Hinterhalt in Giaveno. Und dann erklärt sie offen, daß sie sich einer doppelten Gefahr ausgeliefert sieht, denn sie muß zugleich gegen die Beharrlichkeit des Königs und die Bedenkenlosigkeit ihrer Schwiegermutter kämpfen. Der Druck, der durch diese doppelte Gefahr auf ihr lastet, ist so stark, daß sie nicht mehr sicher ist, ihm standhalten zu können. Und da sie vollkommen aufrichtig sein will, muß sie gestehen, wenn sie sich dieses Eingeständnisses auch schämt, daß etwas in ihr nachzugeben beginnt.

Sie hält sich sehr gerade, während sie spricht, ihr Gesicht ist dem Vater zugewandt.

»Sie sind meine letzte Zuflucht. Raten Sie mir, wenn ich noch Ihre Tochter bin, und schützen Sie mich vor mir selber.«

Der Herzog von Luynes schweigt lange. Er macht den Eindruck, als lausche er im Stillen auf andere Worte, oder warte auf sie.

»Und er?« fragt er schließlich. »Du hast kein Wort von ihm gesagt.«

Er neigt sich zu Jeanne.

»Ich war da, als er dich geheiratet hat. Er hat sich verpflichtet, dich zu beschützen. Warum hast du mich gerufen – mich?«

Jeanne wendet den Blick zur Seite.

»Er ist in Spanien.«

»Seit wann?«

»Seit mehr als einem Monat.«

»Aber vorher? Alle diese Gefahren um dich herum sind doch nicht in einem einzigen Monat offenbar geworden. Ich habe dir gut zugehört. Du hast viel von deiner Schwiegermutter gesprochen, du hast sie der Bedenkenlosigkeit bezichtigt, aber er, dieser junge Graf von Verue, der bis nach Paris gekommen ist, um meine Tochter anzuhalten, zu dem ich »ja« gesagt und dem ich sie gegeben habe, damit er sie liebt und beschützt, und der sich vor Gott dazu verpflichtet hat – er, was hat er gemacht?«

Seine Stimme wird immer lauter, er versucht sie in seine Gewalt zu bekommen, doch seine Traurigkeit ist so tief, daß sie über jeden Schmerz hinausgeht und sich in Zorn wandelt.

»Habe Mut, Kleine. Gestehe mir, daß dieser Mann, der alles für dich war, deine Liebe und dein Schutz, daß dieser Mann getan hat, was zu glauben ich mich weigere. Gestehe, daß er geflohen ist, um nichts davon zu wissen, weil es ihm lieber ist, alles spielt sich hinter seinem Rücken ab. Und er verzögert seine Rückkehr, weil du noch widerstehst, er weiß es, und er will wie Pilatus seine Hände in Unschuld waschen und sagen können, daß er nichts damit zu tun hat. Getraue dich, mir zu sagen, daß ich nicht recht habe, so zu denken. Getraue dich, mir zu sagen, daß ich mich täusche.«

Jeanne braucht kein Wort zu sagen. Ihr Blick gibt alles zu, so offen, daß der Herzog von Luynes sich plötzlich vorbeugt, sie um die Mitte packt und sie mit einer Heftigkeit, die er nicht bei sich vermutet hätte, vom Boden hebt, sie an sich drückt und die Allee hinunterläuft – denn das Haus brennt und die Kinder müssen gerettet werden. Nach ein paar Schritten bleibt er keuchend stehen und lehnt sich an einen Baum.

»Ich nehme dich mit, Kleine. Du kehrst mit mir nach Paris zurück.«

Der Onkel Abbé?

Er wird leicht zu überzeugen sein. Der Herzog kennt ihn vom Hörensagen. Ein Mann, der wichtige Posten wie den eines Botschafters bekleidet hat, von dem es heißt, er sei geschäftstüchtig. Es genügt, offen mit ihm zu reden.

»In aller Ruhe und Offenheit, Herr Abbé. Sehen Sie, ich komme mit ausgestreckten Händen zu ihnen. Vergessen wir die Umstände, unter denen meine Tochter in Piemont leben mußte, und die sie mir gerade geschildert hat. Vergessen wir, daß Ihre Familie daran Schuld hat. Vergessen wir den Kummer, den ich darüber empfinde. Und den Zorn. Sprechen wir in aller Offenheit von Mann zu Mann . . . ich möchte sagen: von Greis zu Greis, denn in unserem Alter siegt immer die Weisheit.«

»Certo, certo . . .« murmelt der Abbé Scaglia und

macht eine Handbewegung, die den Herzog auffordert, fortzufahren.

»Denken wir nur an folgendes: Meine Tochter ist schwerkrank. Die Heilquellen von Bourbon-Lancy haben ihren Zustand etwas gebessert. Aber sie ist bei weitem noch nicht geheilt. Sie braucht ständig Pflege und eine lange Genesungszeit. Sie braucht vor allem Liebe. Was Turin ihr in dieser Hinsicht zu bieten hat, ist nur ein Gift, das sie zerstört, das wissen Sie besser als ich. Die Weisheit gebietet daher, sie mit mir nach Paris zu nehmen. Wir werden ihr die Pflege angedeihen lassen, die sie braucht. Denn wir lieben sie, ihre Mutter und ich. Vielleicht mehr als unsere anderen Kinder. Sie ist die jüngste, die zarteste. Wir nennen sie immer noch ›Kleine‹, und Sie glauben doch wohl nicht, ich könnte es hinnehmen, daß man sie so behandelt, wie sie behandelt wird, daß Ihr Neffe, der sich verpflichtet hat, sie so zu lieben wie wir, ihr antut, daß . . .«

Der Herzog unterbricht sich plötzlich und hebt die Hand.

»Ich hatte mir gelobt, ruhig zu bleiben, verzeihen Sie mir.«

Er versucht zu lächeln.

»Kehren wir zu ihrer Genesung zurück. Ich wiederhole: es ist am klügsten, wenn meine Tochter nach Paris kommt. Wir behalten sie solange, bis sie wieder vollkommen genesen und bis in Turin wieder alles in Ordnung ist. Sie packt ihre Koffer. Wir reisen morgen um sieben Uhr früh.«

Der Abbé Scaglia hört mit geschlossenen Augen, unbeweglich zu, wie im Beichtstuhl.

»Ich möchte noch hinzufügen, daß, wenn der Graf von Verue, aus Spanien zurückgekehrt, seine Frau zu sehen wünscht, wir ihn wie einen Sohn empfangen werden. Es fehlt ihm noch an Bildung. Den Hof von Versailles ein wenig kennenzulernen, kann ihm nur gut tun. Ein Mann, der in Staatsangelegenheiten so versiert ist wie Sie, wird mir in diesem Punkte Recht geben.«

»*Certo, certo . . .*« wiederholt der Abbé.

Er hat ein kleines, zerknittertes Gesicht, unter seiner Perücke hängen zwei Haarsträhnen hervor, seine Hände sind voll brauner Flecken. Er verweilt noch einen Augenblick in Schweigen, als denke er über eine passende Buße nach.

»Ich gebe Ihnen in allem recht, herzogliche Gnaden«, sagt er schließlich. »Aber die Entscheidung liegt nicht bei mir. Die Gräfin von Verue möge das Kofferpacken nicht übereilen. Ich muß einen Kurier nach Turin entsenden und um die Zustimmung meines Herrn ansuchen.«

»Aber, hochwürdiger Herr Abbé . . .«

»Aber was, herzogliche Gnaden?«

»Die Dringlichkeit.«

»Welche Dringlichkeit?«

Er hat die Augen geöffnet. Sie sind grau und stechend. Seine Stimme wird härter, ändert sich im Ton. Der Abbé hat nichts mehr von einem Botschafter. Er ist ein Gläubiger, der seine Forderungen eintreibt. Bissig dreht und wendet er jedes Wort. Von dieser plötzlichen Verwandlung überrascht, weiß der Herzog nicht mehr, wie er manövrieren soll. Und es beginnt ein Krieg. Er dauert drei Tage. Jeanne sitzt auf ihren Reisekoffern. Sie weiß, daß ihr Vater gewinnen wird. Von dem Augenblick an, da sie spürte, wie sie vom Boden gehoben wurde, hat sie ihr früheres Vertrauen wiedergefunden, und die Gewißheit, daß immer jemand da ist, der das

Dach erhält und die Zimmer heizt. Sie vergißt, daß sie für ihre eigenen Kinder da sein sollte. Sie vergißt, daß sie Kinder hat. Sie will selber wieder ein Kind sein, in ihrem Bett im ersten Stock, in dem sie alleine schlief, in dem ihr Kopf sich frei bewegen konnte.

Nach drei Tagen gibt der Herzog auf. Er hat alles versucht: Sanftmut, Vernunft, Drohung. Er hat von Predigten und Sakramenten gesprochen, von Verrat und Treue, von den Pflichten der Eltern und den Rechten der Kinder. Er hat die Ehre ins Treffen geführt, die Tugend ins Treffen geführt, die Kirche ins Treffen geführt. Er hat seine Söhne ins Treffen geführt. Er hat gedroht, sie nach Piemont zu entsenden, um dort zu fordern, daß ihrer Schwester Gerechtigkeit widerfahre. Er ist sogar so weit gegangen, den König von Frankreich ins Treffen zu führen. Denn die Frau von Viktor Amadeus ist eine französische Prinzessin, die Tochter des Herzogs von Orléans, und es ist nicht mehr nur die Gräfin von Verue, die verlangt, daß ihr Gerechtigkeit widerfahre, sondern auch die Nichte Ludwigs XIV. Je mehr er sich ereiferte, desto mehr zuckte der Abbé die Achseln.

»Gerechtigkeit, für wen? Wer hat wen geschädigt? Die zwei Frauen, von denen Sie sprechen, haben noch einen Gemahl, so viel ich weiß, jede den ihren, und er ist ihnen treu . . . Ich werde Ihnen sagen, wo wahrhaft Unordnung herrscht. Im Schädel dieser Leichtsinnigen hier, die alles tut, was sie kann, um aufzufallen.«

Aggressiv, arrogant, zwei flatternde Haarsträhnen im Gesicht, wischt er alles mit Verachtung beiseite und bricht schließlich in offenes Gelächter aus, denn er weiß, daß Könige Könige sind und alle anderen Diener und beim geringsten Aufmucken sitzt man vor der Tür.

Der Herzog von Luynes weiß es auch. Also wozu das alles? Ehre, Tugend, Treue? Hohle Worte. Ihr Sinn wird von den Königen bestimmt. Sieht man den Dingen ins Gesicht, kommt man zu folgendem Schluß: die Gräfin von Verue gehört dem Hof von Turin. Sie hat die Genehmigung erhalten, die Heilquellen von Bourbon-Lancy aufzusuchen. Nach beendeter Kur hat sie nach Turin zurückzukehren. Das ist alles. Der Herzog von Luynes hingegen gehört zum Hof von Versailles. Um sich mit seiner Tochter treffen zu können, mußte er um einen Urlaub ansuchen. Wenn er vor Ablauf seines Urlaubs nicht wieder nach Versailles zurückgekehrt ist, riskiert er seine Stellung. Und was dann?

Was kann man auf dieses Argument erwidern? Der Herzog ist das Leben bei Hof zu sehr gewöhnt, um unnachgiebig zu bleiben. Sein Urlaub geht tatsächlich zu Ende. Er kehrt nach Paris zurück. Jeanne blickt dem Wagen nach, der zwischen den Bäumen verschwindet. Sie weiß, daß sie einander nicht mehr wiedersehen werden. Sie hat ihn umarmt und gesagt:

»Für Sie bin ich nun tot.«

In der gleichen Nacht sieht sie, wie die Verbindungstür geöffnet wird und glaubt, es sei ihr Vater, der, die Dunkelheit ausnützend, umgekehrt ist, um sie mit Gewalt zu entführen. Sie wirft die Decken zurück und springt mit einem Satz aus dem Bett. Es ist der Abbé. Er hat sich das Nachbarzimmer geben lassen. Im Hemd, mit ausgestreckten Händen, geht er auf das Bett zu und sie hört ihn mit kleinen, giftigen Zischlauten schimpfen.

»Was heißt das, von Greis zu Greis? . . . Für was hält er mich? Für impotent? . . . Die Ankunft in Turin,

Kleine . . . Erinnerst du dich? . . . Ich habe dich gesehen, ich sagte: das ist eine Gabe Gottes! . . . Und wenn Gott einem diese Gabe gewährt, was stellt er sich vor, dieser alte Narr? Daß man sie zurückgibt? Daß man närrisch genug ist, sie zurückzugeben? . . . Liebe! . . . Kennt man die vielleicht nur in Paris? . . . Warte, Kleine, du wirst sehen, ob ich etwas davon verstehe . . .«

Als sie ihn so auf ihre Kopfkissen zutappen sieht, wird Jeanne von einem krampfartigen, nervösen Lachen geschüttelt. Das also ist der Grund, warum er mit so viel Erbitterung gekämpft hat! Meine Nichte gefällt mir, ich behalte sie, nütze die Langeweile der Heilbäder zu meinem Vorteil, um zwischen meinem Neffen und meinem Fürsten mein Glück zu versuchen – und es bleibt in der Familie . . . Sie erinnert sich jetzt an die Reise und all die Aufmerksamkeiten, die er ihr erwiesen hat. Immer wieder hatte er die Kissen zurechtgerückt, die Decken hinaufgezogen, an das Fenster geklopft, um den Kutscher anzuweisen, den Schlaglöchern auszuweichen. Sie hatte geglaubt, seine Sorge gelte einer Kranken, und so viel Artigkeit hatte sie gerührt. Aber was er in dieser Nacht plötzlich eingesteht, verwandelt ihr Lachen in Übelkeit. Denn sie kennt diese Gesten. Sie *erkennt sie wieder.* Ihr Mann hatte damals die gleichen, genau die gleichen, als sie in ihrem Wagen durch den Schnee fuhren und er seine Begierde offen zur Schau trug. Sie hat gerade noch Zeit, zu ihrem Paravent zu laufen, um in das Waschbecken zu erbrechen.

VII

Die Schamlosigkeit

Eine purpurrote Maske

Und jetzt geht ein ohrenbetäubendes Wimmern und Heulen los. Der Abbé, ein bei lebendigem Leib Geschundener. Als hätten Lächerlichkeit und Erniedrigung ihm die Haut abgezogen. Er rächt sich, indem er Jeanne grob beschimpft. Die Rückfahrt ist ein Alptraum. Vier Tage lang Beleidigungen, ohne Atempause. Der Kutscher hört alles. Es ist ihm gleichgültig.

»Wie eine läufige Hündin. Und so riecht sie auch. Ein Geruch von rauchenden Unterröcken. Und bettelarm noch dazu. Nicht einen Kreuzer Mitgift. Ihr Vater, der fleht, daß man ihn von ihr befreit, weil er sie nicht mehr ernähren kann. Man nimmt sie aus Wohltätigkeit. Und das wagt sich zu beklagen. Das wagt zu sagen, daß man sie schlecht behandelt, daß die Verue Folterknechte sind. Und bei wem? Das wagt sich bei wem zu beklagen?«

Er hat rote Wangen und einen fiebrigen Blick und muß seinen Kopf zurückbiegen, um wieder Atem zu schöpfen.

»Bei einem Franzosen. Bei einem Höfling aus Versailles. Der sicher nichts Eiligeres zu tun hat, als alles weiterzuerzählen. Es wird eine Staatsaffäre werden.

Nicht mehr die Verue werden herhalten müssen. Sondern das Königreich. Die Ehre des Königreiches. Die Ehre des Königs!«

Plötzlich bricht seine Stimme. Er schließt die Augen, hält sich an der Wagentür fest. Als er wieder zu sprechen beginnt, kommen nur kaum hörbare Wortfetzen aus seinem Mund: *»Die Staaten Europas . . . Termitenhügel . . . jedem seine Gesetze . . . Ehrenkodex . . . nicht, nie . . . nichts außerhalb . . . den Schlüssel abliefern, das ist . . . das ist . . .«*

»Ein Verrat!«

Er hat seine Stimme wieder.

»Du wirst sie erleben, die Folterqualen. Du wirst sehen, ob ich mich damit auskenne. Meine Hände, du wirst sehen, wie geschickt sie sind . . .«

Er lacht, ein kurzes, knarrendes Lachen, das Lachen eines Betrunkenen, und er lehnt sich in seine Kissen zurück und kneift die Augen zusammen, um sich die ausgesuchten Grausamkeiten vorzustellen, die er Jeanne zufügen wird, Jeanne und mit ihr allen de Luynes, dem Vater, den Brüdern, diesem ganzen Gesindel von Dieben und Verrätern, die er nun seinerseits zum Wimmern bringen wird.

Er trifft ohne Stimme in Turin ein. Die Gräfinwitwe übernimmt seine Rolle. Sie schimpft, weil sie Angst hat. Alle haben Angst, seitdem Viktor Amadeus sich in Rivoli eingeschlossen hat. Er hat vor der Abreise seinen Hof versammelt. Er hat erklärt, daß er nur mit Jeanne zurückkehren werde. Die Stadt ist bleich, an ihren Rändern schimmert die Morgendämmerung. Kaum ist sie dem Wagen entstiegen, fällt man über Jeanne her.

Jetzt, da alles bekannt ist, wird nicht mehr geheuchelt. Man spricht sie offen darauf an, man drängt sie, man gibt ihr Befehle, als gehöre sie auf einmal dazu. Am wildesten führen sich die Alten auf, die ihre Pensionen und sonstigen Begünstigungen nachrechnen und sich schon auf einem Strohlager liegen sehen. Sie kommen in Delegationen. Die Gräfinwitwe zwingt Jeanne, sie zu empfangen. Sie läßt sie reden, ohne zu antworten. Um Jeanne gefügig zu machen, bedient sich die Gräfinwitwe der erbärmlichsten Druckmittel: es wird verboten, ihr Zimmer zu heizen, sie bei Tisch zu bedienen, die Schlüssel zu ihren Schränken werden konfisziert. Sie leidet nicht darunter. Sie ist tot, sie hat es ihrem Vater gesagt. Nicht einmal, als ihre Schwiegermutter beschließt, ihr die Kinder wegzunehmen, leidet sie. Sie erinnert sich an ihre Geburt, an diese klebrigen Dinger, die man ihr auf die Brust legte. Durch sie spürte sie wieder den Körper ihres Mannes auf ihrem.

Auf ihn wartet sie. Sie weiß, in ihrem Zustand halber Bewußtlosigkeit, daß er endlich zurückkommt. Sie braucht sich nicht aus dem Fenster zu lehnen. Sie spürt die Bewegung in sich, ein Näherkommen, ein Zögern, ein Näherkommen – und plötzlich wird die Erinnerung an ihr Schweigen an jenem ersten Tag wieder in ihr wach.

Ja. Das Schweigen in Paris, als sie einander anblickten. So nah standen sie beieinander, daß sie gedacht hatte: niemand ist mehr zwischen uns. Er hatte sie gerade Jeanne genannt. Der erste, der sie je Jeanne nannte. Sie hatte die Augen gehoben. Jeder hatte das Gesicht des anderen angeblickt und sich lange Zeit gelassen. Das ist es, worauf sie wartet, seitdem sie Bourbon-Lancy verlassen hat – daß sie sich wieder gegenüberstehen, daß er noch Jeanne zu ihr sagen kann und daß sie Zeit haben, einander anzublicken.

Das Knallen einer Peitsche. So weit entfernt, daß sie zuerst glaubt, sich zu täuschen. Doch er ist es. Sie hört die Pferde. Es ist Nacht. Durch das Tor sieht sie den Lichtschein der Laternen. Aber der Wagen fährt nicht herein. Er wird ein wenig später abbiegen. In Turin ist plötzlich alles still, als lauschten alle, zugleich mit ihr, als fragten sich alle, zugleich mit ihr, warum der Graf von Verue seinem Kutscher befohlen habe, einen Umweg zu machen und über die Stallungen nach Hause zu fahren. Sie lehnt am Kamin. Sie macht keine Bewegung. Sie darf keine machen. Er ist es, der zu ihr kommen muß. Von so weit her, nach so langer Zeit. Er geht über den Hof, steigt die Treppe hinauf. Man hört ihn kaum. Er muß die Stiefel ausgezogen haben. Vielleicht fürchtet er, sie aufzuwecken? Früher ist sie manchmal, wenn sein Dienst länger gedauert hatte, eingeschlafen, während sie auf ihn wartete. Welche Freude war es für ihn gewesen, sich neben sie zu legen und sich Zärtlichkeiten auszudenken, um sie sanft aus ihrem Schlummer zu wecken. Sie macht eine Bewegung zum Bett, vielleicht sollte sie ihn dort empfangen? Aber er ist schon da, auf der anderen Seite der Tür. Er zögert, die Hand auf dem Türgriff. Wenn er zögert, so hat er nicht gefürchtet, sie zu wecken, er fürchtet vielmehr, sie könne nicht mehr da sein, um ihn zu erwarten. Während der ganzen Rückreise hat er sich gesagt: vielleicht, vielleicht ist es geschehen . . . Deshalb der lange Umweg über die Stallungen, um den Moment der Gewißheit hinauszuschieben.

Er entschließt sich endlich. Er öffnet, blickt auf das Bett, dann auf die Wand. Dort wo sie ist, beim Kamin, kann er sie nicht sehen. Er geht langsam bis zum Kleiderständer, horcht lange. Dann ruft er ganz leise:

»Jeanne . . .«

Sie tritt aus dem Schatten. Als er sie erblickt . . .

Eine Sekunde. Eine einzige Sekunde! Worauf sie gewartet hatte, war geschehen: er hat sie Jeanne genannt – und er hat sie angeblickt. Eine einzige Sekunde, und alles begann zu schwanken. Dieser Blick hat sie hinausgeworfen. Was die Delegationen der alten Frauen ihr seit Wochen immer wiederholen, die Angst, alles zu verlieren und ruiniert zu sein, das hat er ihr nun gesagt. Er hat ihr nun gesagt, daß alles verloren ist, daß diese Mission, mit der der König ihn beauftragt hatte, erfolgreich war, daß er stolz darauf ist, und alles, was er sich davon erwartete für sich und seine Familie, an Dank und Belohnung, die neuen Aufgaben, die der König ihm angeboten hätte, die neuen Missionen, die ihn der Macht nähergerückt hätten, alles ist verloren, weil sie noch da ist. Sie hatte es bis zum Schluß nicht wahrhaben wollen. Sie wollte in dem Glauben bleiben, daß er fürchtete, sie bei seiner Rückkehr nicht mehr vorzufinden, weil es schon geschehen sei. Nun begreift sie endlich: er fürchtete, daß es *noch nicht* geschehen sei.

Sie tastet sich an der Wand entlang, erreicht die Tür, schließt sie hinter sich. Sie geht die Treppe hinunter zu den Stallungen und weckt einen Kutscher.

»Rivoli«, sagt sie.

Während der ganzen Fahrt sieht sie ihren Vater sich gegenüber sitzen. Er redet, aber sie hört nicht, was er spricht. Einmal hat es den Anschein, als beginne er zu weinen.

»Über wen?« fragt sie halblaut.

In Rivoli scheint man sie zu erwarten. Obwohl es

schon spät ist, sind die Lakaien da, um ihr den Wagentritt zu halten. Sie steigt aus der Kutsche. Ein Spalier von Fackeln zeichnet auf dem Boden eine flackernde Spur, die zum Zimmer des Königs führt. Die Tür ist offen. Sie tritt ein. Sie sagt:

»Hier bin ich.«

VIII

Die Eifersucht

Eine gelbe Maske

»Nicht in Turin. Hier. Sie lassen sie hierherkommen. Damit sie ihre Ämter zurücklegen. Ich sage ausdrücklich: daß sie sie zurücklegen. Und nicht, daß Sie sie ihnen wegnehmen. Das wäre eines Königs nicht würdig. Der Entschluß muß von ihnen ausgehen. Sie bellen sehr laut seit einigen Tagen. ›Welch ein Skandal‹, schreien sie, als hätten sie nicht alles getan, um mich zu zwingen, Ihnen hierher zu folgen. Eine solche Haltung ist mit den Ämtern, die sie bekleiden, nicht vereinbar. Das müssen sie begreifen und sie von sich aus zurücklegen.«

»Gut«, sagt der König.

»Sie schicken sie auf ihre Ländereien ins Exil. Mit dem ausdrücklichen Verbot, sich von dort zu entfernen. Sie schicken sie alle ins Exil: den Abbé, die Gräfinwitwe, ihre Leute und ihr Gefolge. Auch meine Kinder. Sie haben dort unten Pferde und Hunde, sie werden mich schnell vergessen.«

»Gut«, sagt der König.

»Ihn . . .«

Sie zögert kaum merklich.

»Sie sind jetzt nicht mehr genötigt, ihm Missionen anzuvertrauen, um ihn von mir zu trennen. Er war Ihr bester Kammerherr. Geben Sie ihm sein Amt zurück.«

Nun scheint der König zu zögern.

»Hier?«

»Natürlich hier. Womit ist ein Kammerherr beschäftigt? Mit der Kammer des Königs. Und die Kammer des Königs ist hier, neben meiner. Wenn er aus dem Zimmer, in dem ich in Turin lebte, herausgenommen hat, was ihm gehört, lassen Sie alles verbrennen. Die Möbel, die Kunstgegenstände, die Wäsche. Dann lassen Sie die Wände abkratzen, so daß keine Spur zurückbleibt. Machen Sie aus dem Zimmer eine Waschküche, eine Rumpelkammer, eine Hundehütte, was Sie wollen, aber es darf nie wieder ein Zimmer werden.«

»Gut«, sagt der König.

»Ich bin mit nichts hierhergekommen, wie Sie sehen. Mit diesem Kleid und diesem Hemd. Ich muß ausgestattet werden.«

»Gut«, sagt der König.

Er sagt zu allem »gut«. Denn die Tage sind lang. Er möchte, daß sie zufrieden ist und daß sie, wenn er am Abend ihr Zimmer betritt, auch irgendeinmal sagen wird: gut. Bisher nahm er sie mit Gewalt. Er vergewaltigt sie jeden Abend. Obwohl sie willig ist und bereit. Aber ihrem Körper kann sie nicht befehlen. Ihr Körper wehrt sich gegen ihn. Er hatte mit der sommerlichen Wärme, den erstickend heißen Nächten gerechnet, wenn durch die geöffneten Fenster nicht der kleinste Lufthauch aus dem Garten hereindringen und der Körper schließlich nachgeben würde. Doch dieses Bett, dessen Decken und Vorhänge man entfernen muß, bleibt für Jeanne eiskalt. Er versucht ein Echo in ihr zu wecken. Er findet überraschende Liebesworte. Seine Zärtlichkeit ist um so inniger, als sie in fünf Jahren in ihm gereift ist. Er spricht mit leiser Stimme zu ihr. Er fleht, er verspricht. Zuweilen weint er. Sie würde gerne mit ihm weinen. Aber eine andere in ihr weigert sich. Und wenn seine Begierde übermächtig wird, nimmt er sie mit Gewalt.

Und er spürt das Entstehen einer bitteren Wunde, deren Namen er nicht kennt, und die bisher noch keine Frau ihm zuzufügen vermochte.

Eines Abends entschließt er sich. Er fragt ganz leise: »Und er?«

Sie wendet sich brüsk ab.

»Sag mir, ob mit ihm . . .«

Sie will sich ihm entziehen. Er hält sie zurück, indem er sich mit seinem ganzen Gewicht auf sie legt.

»Sage es mir!« Es klang wie ein Schrei. Denn das ist zuviel. Diese Wunde ist zu schmerzhaft, diese Eifersucht – jetzt kennt er endlich ihren Namen. Er hebt die Hand. Aber Jeanne hat keine Angst. Mag er sie schlagen. Sie wird nichts zugeben. Sie blickt ihn unverwandt an.

»Mit ihm war es der Schnee.«

Dieses Wort, als sei es eine Herausforderung, entlockt ihr plötzlich ein Lächeln.

»Und immer, die Welt unter dem Schnee.«

Er gibt ihre Handgelenke frei und läßt sich auf das Bett zurücksinken. Sie ist noch unzugänglicher, noch ferner. Nicht nur wegen dieser Worte, die er nicht versteht – es ist das Lächeln, mit dem sie sie aussprach, es ist das, was von dem anderen noch in ihr ist und sie nicht losläßt, das, woran er niemals teilhaben wird.

Sie weigert sich, Rivoli zu verlassen.

»Und meine Minister?«

»Sie können Ihren Staatsrat genauso hier abhalten wie in Turin. Vielleicht sogar besser. Man regiert leichter aus einiger Entfernung. Man versteht die Dinge besser. Und welche Stille . . . Hier gibt es nur Wasser und Bäume.«

»Gut«, sagt der König.

Er gewöhnt sich an die Villa. Bisher hat er sie zu überladen, zu verspielt gefunden. Mit Jeanne wird alles natürlich. Jedes Fenster ist ein Schrein. Die Sonne scheint auf Kommando herein und bleibt nach Jeannes Belieben. Während des Staatsrates blickt er nur sie an und hört kaum, was gesagt wird. Sie hört für ihn zu. Denn sie nimmt daran teil. Er hat das verlangt, damit sie, wenn sie schon in der Nacht miteinander kämpfen, wenigstens die Macht miteinander teilen. Er entscheidet nichts ohne sie. Er hört sogar auf, selber zu entscheiden. Immer häufiger wenden sich die Minister an Jeanne, erwarten von ihr einen Beschluß. Er bleibt im Hintergrund, um dieses Spiel des Befehlens und Gehorchens besser beobachten zu können. Es belustigt ihn zu sehen, wie selbst die Ältesten unter ihnen ernsthaft mit dem Kopf nicken, wenn Jeanne etwas gesagt hat. Es bereitet ihm ein sonderbares Vergnügen, als sei der Ratssaal eine Verlängerung ihres Zimmers und er könne nun mitansehen, wie den anderen Gewalt angetan wird.

»Soviel Weisheit bei einem so jungen Menschen!« ruft er eines Tages aus, als es besonders schwierig schien, über Probleme, die im Staatsrat besprochen wurden, eine Entscheidung zu fassen. Jeanne findet immer die beste Lösung und erklärt sie so einfach, daß sie sofort verstanden wird.

Er blickt seine Minister lachend an.

»Können Sie mein Glück ermessen, meine Herren? Ich wünschte mir eine Geliebte und fand einen Freund. Den besten, den man haben kann.«

Er umfaßt Jeannes Schultern.

»Sie regiert wie ein Jüngling.«

Ein Jüngling, den er prächtig kleidet, den er mit Juwelen überschüttet, dem er schenkt, was er an schönen Dingen finden kann: Bilder, Kunstgegenstände, Möbel. Aber Jeanne ist nie zufrieden. Sie verlangt immer mehr. Sie hat Listen von dem Hab und Gut der alten Stiftsdamen angelegt, die in Delegationen zu ihr gepilgert waren und sie angefleht hatten, und die sie heute beschimpfen. Der König schickt seine Beamten zu ihnen und läßt alles beschlagnahmen. Jeanne läßt sagen, es sei nur für eine kurze Zeit, sie werde alles wieder zurückgeben. Sie gibt nur zurück, was nicht echt ist, und das entdeckt sie mit einem unfehlbaren Instinkt. Alles andere ordnet sie in verschließbaren Schubladen. Die Schlüssel trägt sie bei sich.

»Und Ländereien?« schlägt der König vor. »Ich gebe dir Ländereien, wenn du willst. Alle, die ich in Piemont besitze.«

Sie lehnt ab. Sie will nur, was sie auf sich tragen oder aufbewahren kann. Sie denkt noch nicht: »Das was man mitnehmen kann«, sondern: »Das was man sieht. Das was beweist, daß ich meine Aufgabe erfülle und daß ich das Recht auf einen Lohn habe wie alle bei Hof, alle Angestellten des Königs, ob Minister oder Kammerherr.« Oft, wenn sie am Abend auf den König wartet, legt sie, nachdem sie sich entkleidet hat, wieder ihre Juwelen an, damit er sehe, daß dies der Preis für Vergewaltigung sei und daß sie sich dafür immer bezahlen lassen wird. Er verletzt sich manchmal an einem Edelstein.

»Das Blut wird trocknen«, sagt sie.

Wenn er eingeschlafen ist, späht sie durch die Türspalten. In Turin hat man alles verbrannt. An den Wänden ihres alten Zimmers sind keinerlei Spuren zurückgeblieben. Aber was in ihr zurückgeblieben ist? Sie versteht nicht, daß es so lange dauert. Daß der, der im Dunkeln so leidenschaftliche Worte gefunden hatte, nicht eine halboffene Tür zu nutzen weiß, um sie zu verständigen und zuzugeben, daß die Prüfung zu schwer ist, daß er einen Weg sucht, sie zu befreien – er weiß noch nicht welchen –, aber sie wird bald frei sein und er wird mit ihr fliehen. Wenn sie ihm in einem Gang begegnet, bleibt sie stehen, lehnt sich an die Wand. »Vielleicht heute«, denkt sie. Sie sucht seinen Blick. Aber er wendet sich ab.

Als er erfährt, daß sie schwanger ist, beschließt der König, nach Turin zurückzukehren.

»Es wird kein Bastard, sondern ein Prinz. Mein legitimer Sohn. Alle Prinzen meiner Familie werden in Turin geboren. Im Palast.«

Jeanne widersetzt sich.

»Ich werde hier niederkommen.«

»Warum?«

»In Turin habe ich zwei Kinder geboren, die mir gehören. Dieses hier, Sie sagten gerade, es wäre ein Prinz, wird immer nur Ihnen gehören.«

Dieses Mal gibt er nicht nach. Wenn sie spüren wird, dachte er, wie dieses Leben sich in ihr bewegte, würde sie schließlich nachgeben. Zumindest sich fügen. Da man offenbar immer Gewalt anwenden muß, läßt er sie mit Gewalt nach Turin transportieren. Er schließt sie im Palast, in seinem eigenen Zimmer ein. Und sich mit ihr, bis zur Geburt. Um über sie und dieses Kind zu wachen. Es soll so schön werden wie seine Liebe zu ihr, wie seine Liebe ohne seine Eifersucht.

Das Kind wird schließlich geboren. Es ist ein Knabe. Der König erkennt ihn als seinen legitimen Sohn an und gibt ihm seinen Namen: Viktor Franz. Mit der Taufe beginnt ein Monat der Festlichkeiten. Die Salons des Palastes werden wieder geöffnet. Die Geigen spielen wieder zum Tanz auf. Jeanne ist da, aber sie tanzt nicht. Sie hatte eine schwere Niederkunft und die Ärzte raten zur Vorsicht. Sie bleibt in ihrem Sessel sitzen und trägt jeden Abend eines der Kleider, die der König ihr zum Wochenbett geschenkt hat. Sie trägt auch jeden Abend eine andere Perücke. Sie schminkt sich das Gesicht. Man erkennt sie kaum. Ihre Wangen sind hohl, ihre Augen zu groß. Aufmerksam beobachtet sie die Tänzer, um zu erkennen, wer sich wirklich unterhält und wer sich dazu zwingt. Auch da täuscht ihr Instinkt sie nicht. Als die Zeit der Feste vorüber ist, geht sie zurück nach Rivoli und verfaßt wieder Listen. Diesmal handelt es sich nicht um Kunstgegenstände, sondern um Ämter. Sie präsentiert die Listen dem König.

»Ich habe auf der einen Seite die angeführt, die ihr Amt gut verwaltet haben und die man darin belassen kann. Auf der anderen Seite die, die ersetzt werden müssen.«

Der König versucht gar nicht, ihr zu widersprechen. Dies ist der Preis, der für das Kind zu bezahlen ist.

»Gut«, sagt er. »Ersetzen wir sie.«

In Turin bemerkt man sehr schnell, daß auf ein Wort von Jeanne hin die Köpfe rollen. Wenn man jetzt von Rivoli spricht, nennt man es: »Die Höhle des Ungeheuers« – eines jener legendären Tiere, die jeden Morgen ihre Ration an Opfern verlangten. Tatsächlich erfährt man jeden Morgen, wer in Ungnade gefallen ist. Einer der Minister, auf den Jeanne am liebsten hört und dem sie zu vertrauen scheint, fragt sie eines Tages:

»Warum, Madame?«

Ihre Augen werden schmal.

»Um zu beobachten.«

Sie schläft nicht mehr. Die Gärten unter den Fenstern von Rivoli sind menschenleer. Wer wird kommen? Wer wird sich ihrer erinnern? Von dem Kammerherrn, der still seinen Dienst tut, erwartet sie nichts mehr. Da es ihm in all den Monaten nicht gelungen ist, sie zu befreien, hat er sich damit abgefunden, oder aufgegeben.

In manchen Nächten klagt sie laut.

»Wie lange noch?«

Sie zählt die gestohlenen Kunstgegenstände. Sie poliert sie an ihrem Ärmel. Die goldenen Tabatieren, die kleinen Elfenbeinfiguren. Sie denkt an die Zimmer von einst, die *Sakristei,* sobald sie leer geworden waren, gründlich reinigte. Sie könnte sie jetzt mit all ihren Kunstschätzen füllen, ein Zimmer nach dem anderen wieder möblieren, wenn man sie nach Paris zurückkehren ließe. Vielleicht hat alles mit diesem ersten Verrat, für den ihre Mutter verantwortlich war, begonnen. Aber sie besinnt sich schnell. Weder Mutter noch Vater. All diese alten Bande sind durchschnitten.

Eines Abends glaubt sie erhört worden zu sein.

Sie ist allein. Sie beendet ihr Abendessen. In dem Augenblick, da sie sich vom Tisch erhebt, krümmt sie sich unter einem furchtbaren Schmerz. Sie fällt auf die Knie. Ihre Zunge brennt. Sie versucht zu spucken, aber ihre Lippen sind steif. Sie denkt: »Endlich entschließt er sich . . .« Sie sinkt auf den Teppich. Ein Krampf reißt ihr den Kopf hin und her. Sie versucht sich an ein Tischbein zu klammern, um sich aufzurichten. Niemand um sie herum rührt sich, kein einziger Diener, keine einzige Dienerin. Sie schauen ihr zu und warten. »Wie sie mich hassen«, denkt sie. Sie würden ihnen gerne zulächeln. Sie wünscht, sie wüßten, daß sie froh ist, von den Dienstboten verdammt zu werden. Aber sie wünscht, daß auch er da wäre, daß sie auch ihm zulächeln könnte. Sie versucht, trotz schwindender Sehkraft, die Tür zu beobachten. Er muß kommen. Er muß kommen und sagen: »Es ist vorbei, siehst du, du hast geglaubt, daß ich aufgebe, aber es ist mir gelungen, einen Weg zu finden.« Endlich glaubt sie ihn zu sehen und versucht die Hand nach ihm auszustrecken, aber das Gift ist schon so weit in ihren Körper eingedrungen, daß sie keine Hand mehr hat, keinen Arm, nur noch diesen hin und herrollenden Kopf und etwas wie ein Messer zwischen den Augen.

»Es ist vorbei, siehst du, es ist vorbei.«

Sie hört ihn, als sie wieder zu sich kommt. Aber es ist nicht der Kammerherr. Es ist der König. Er neigt sich mit dem Gesicht eines verschreckten Kindes über ihr Bett. Er streichelt ihre Stirn, ihr Haar. Er sagt, daß er ein Gegengift bei sich hatte, daß man ihn rechtzeitig verständigt hat, daß es ihm gelang, ihr den Mund zu öffnen und sie zu zwingen, das Gegengift zu schlucken, und daß sie wie durch ein Wunder gerettet worden ist. Er wiederholt zweimal: »Wie durch ein Wunder! . . .« und massiert ihre Handgelenke. Dann sagt er, daß er alle verhaften und ins Gefängnis hat werfen lassen, daß er sie, wenn es sein muß, foltern lassen wird, aber daß der Schuldige gefunden und Jeanne gerächt werden wird. Sie versteht nicht, was er sagt. Sie versteht nur, daß er verständigt worden ist. Sie sieht wieder all die Dienstboten um sich herum stehen, die keinen Finger rührten und sie sterben ließen. Wer also? Sie will es wissen.

Sie macht eine ungeheure Anstrengung und bringt schließlich ein paar Worte heraus:

»Wer hat Sie verständigt?«

Der König beugt sich vor.

»Wer wäre dir am liebsten?«

Er zeigt auf einen regungslosen Schatten im Hintergrund des Zimmers, den sie, mit mühsam geöffneten Augen, kaum erkennt.

»Er?«

Sie wendet sich ab. Sie hat verloren.

Als sie wieder sprechen kann, bittet sie den König um zwei Dinge.

»Verzichten Sie darauf, den Schuldigen zu finden. Es gibt zu viele. Alle sind schuldig. Sogar Sie. Sogar ich. Entlassen Sie die, die Sie einsperren ließen.«

»Gut«, sagt der König.

»Und nun zu ihm.«

Es dauert eine Weile, bis sie fortfährt.

»Trennen Sie sich von Ihrem Kammerherrn. Schikken Sie ihn zu seiner Familie ins Exil, oder finden Sie ihm irgendein anderes Amt. Ich will ihn hier nicht mehr sehen.«

Der König blickt sie an. Zum erstenmal glaubt sie einen Widerschein seiner Eifersucht zu erkennen.

»Warum jetzt?« fragt er.

Sie macht ein Zeichen, daß sie nicht antworten will. Er setzt sich nah zu ihr, nimmt sie in seine Arme und bleibt so lange Zeit, ohne zu sprechen. Sie hat die Augen geschlossen. Der Raum ist so voll von Schweigen, daß sie ihren Atem anhalten. Dann und wann küßt er ihr Haar oder berührt ihre Hand, sehr sanft, als schliefe sie – dann schließt auch er die Augen.

Sie muß lernen, mit Hunden zu leben. Auf Befehl des Königs. Sie sind in ihrem Zimmer untergebracht und alles, was aus den Küchen kommt, muß zuerst von den Hunden gekostet werden. Die Schmerzen lassen allmählich nach, aber es dauert mehr als einen Monat, bevor sie wirklich aufstehen kann. Man setzt sie vor ein Fenster. Sie betrachtet ihre Haut, die so trocken geworden ist, als hätte man sie in eine Säure getaucht, und das erfüllt sie mit einer Art Erleichterung. Sie meint, der König würde sich nun von ihr abwenden und sie könne endlich fliehen. Nachdem ihr Mann den König im letzten Augenblick verständigt hat und sie wieder zu einer Gefangenen geworden ist, kann sie nur noch auf sich selber zählen. Sie studiert die Alleen im Garten, die Baumgruppen, das, was sie in der Ferne als Straße erkennt, die zu irgendwelchen Dörfern führen muß, wo sie sich vielleicht verstecken kann, denn man darf sie nicht erkennen. Aber das sind vage Träumereien, denen sie eine Weile nachhängt, ohne genug Energie zu haben, ernsthaft darüber nachzudenken.

Anders als sie gehofft hatte, läßt der König sie nie mehr allein. Immer wieder spricht er von dem Wunder, von dieser Stunde, die für ihn die längste seines Lebens war, da er über sie gebeugt darauf wartete, daß das Gegengift wirkte, ohne zu wissen, ob es ausreichen würde. In der Nacht zögert er, trotz der Anwesenheit der Hunde, einzuschlafen. Er lauscht auf ihren Atem. Es ist eine sonderbare Zeit, für sie beide, eine Art Waffenstillstand, in dem alles gedämpft und gemildert ist, nichts verletzt sie mehr, weder ihn noch sie, und in jeder ihrer Bewegungen liegt fast so etwas wie Achtung.

Solange Jeanne zu schwach ist, um am Staatsrat teilzunehmen, schickt er seine Minister fort und überläßt ihnen das Regieren. Er entschließt sich, wenn auch widerstrebend, zu einer Reise nach Venedig, wo ihn Abgesandte aus Madrid und Wien erwarten, die ihn überreden wollen, der Großen Allianz beizutreten, einem Bündnis, das sich mit dem Ziel, gegen Ludwig XIV. zu kämpfen, um den Prinzen von Oranien, Wilhelm III. von Nassau, gebildet hat. Man hatte ihn schon seit zwei Jahren aufgefordert, diesem Bündnis beizutreten, er hatte seine Entscheidung jedoch mit Rücksicht auf seine Frau, eine Prinzessin von Orléans, von der er nicht getrennt war, immer wieder hinausgeschoben. Wenn er sich jetzt doch entschließt, so hauptsächlich, um Jeanne damit zu beweisen, daß er außer an sie an nichts mehr gebunden ist.

Sobald sie wieder ganz hergestellt ist, reisen sie nach Venedig und begeben sich gemeinsam zu den Abgesandten.

»Unterschreiben Sie«, rät Jeanne.

Für sie ist es, als verlange sie eine letzte Genugtuung für das, was sie gewesen war: das kleine Mädchen mit dem gelben Hund, das alles aufgegeben hatte und verraten wurde. Indem sie dem König zuredet, der Allianz beizutreten und damit offiziell zu einem Feind Frankreichs zu werden, glaubt sie, wieder ein Gleichgewicht hergestellt zu haben.

Innerhalb eines Jahres bricht alles zusammen.

Unter dem Kommando des Marschalls von Catinat

dringen die französischen Truppen in Piemont ein, schlagen eine erste siegreiche Schlacht bei Staffarda, nehmen Turin ein, setzen Rivoli in Brand, verfolgen die wenigen piemontesischen Soldaten, die noch übriggeblieben sind und überwältigen sie bei Marsaglia.

In dieser Atmosphäre der Niederlage schenkt Jeanne dem König eine Tochter, Viktoria Franziska. Die zweite Geburt findet unbemerkt, während der Verhandlungen über einen Friedensvertrag statt, den der besiegte König in Casale unterzeichnen muß.

IX

Die Ermattung

Eine violette Maske

»Ich werde Rivoli wieder aufbauen«, verspricht ihr der König, »sobald meine Vermögenslage wieder geordnet ist. Du solltest die neuen Pläne für die Villa selber entwerfen und die Arbeiten überwachen. Denn dieses Haus soll dein Abbild sein.«

Jeanne würde gerne sagen: »Mein Abbild ist das hier.« Sie berührt die rauchgeschwärzten Mauern, schiebt mit dem Fuß die zerbrochenen Fensterscheiben zur Seite und hat das Gefühl, irgendetwas wiederzuerkennen. Plötzlich weiß sie, was es ist: das Zimmer in Turin, im letzten Stock des Palastes, wo sie jeden Abend auf ihren Mann wartete. Als er sie nach fünf Jahren hinauswarf, hatte sie verlangt, daß man alles zerstöre. Und hier ist jetzt die gleiche Leere, der gleiche Geruch nach Asche. Als hätten die französischen Armeen hier nur Feuer gelegt, um es ihr zu erleichtern, abzurechnen. Fünf Jahre für ihren Mann, fünf Jahre für den König. Die Zahlen heben sich auf. Sie ist quitt. Sie schuldet ihnen nichts. Weder dem einen noch dem anderen. Aber wenn sie zum König sagte: »Nachdem auch hier alles verbrannt ist, bin ich frei«, würde er es nicht verstehen. Sie muß sich selber darum kümmern, sie muß ihre Flucht selber vorbereiten. Sie hat mehrmals daran gedacht, zu fliehen und von ihrem Fenster aus die Straßen betrachtet, sich aber nicht ernsthaft damit beschäftigt. Jetzt muß sie es tun. Sie darf nur noch daran denken, muß ständig auf der Lauer sein, jede Gelegenheit ergreifen, die sich bietet, und wenn notwendig eine schaffen. Aber vor allem muß sie auf Nummer Sicher gehen. Sie darf nicht riskieren, an der Grenze gefaßt und wie eine Diebin wieder in den Palast zurückgeschleppt zu werden.

Es wird noch lange dauern, das weiß sie. Um so länger, als sie gezwungen gewesen ist, wieder nach Turin zu gehen, da Rivoli nicht bewohnbar ist. Und in Turin kennt sie jeder, was die Gefahr erhöht. Aber sie will fliehen, und die Flucht wird ihr gelingen.

Hin und wieder bewegt sie unwillkürlich die Handgelenke, als vergewissere sie sich, daß die Fesseln gesprengt sind.

Turin ist in Trauer. Man spricht nur noch von Gott, der zugelassen hat, daß Piemont von den Franzosen zerstört worden ist und dessen Zorn nun besänftigt werden muß. Der Klerus ordnet öffentliche Gebete an. Die schwarz verhängten Kirchen bleiben Tag und Nacht offen. Man brennt Weihrauch und Wachskerzen, trägt kniend das Heilige Sakrament umher. Die Straßen riechen nach geschmolzenem Wachs und über den Dächern stehen dicke Rauchwolken. Der Wind kann sie nur mit Mühe auseinandertreiben. Jeanne sieht ihnen lange zu. »So müßte es sein«, sagt sie sich »so müßte ich im Himmel verschwinden, bevor alles wieder hell wird.«

Auch der König blickt die Rauchwolken an.

»Wenn man unseren Kirchenherren zuhört, scheint alles Böse von dir zu kommen. Von deinen Hexereien, die mich meiner französischen Gemahlin abspenstig gemacht haben. Wenn ich ein reuiger Sünder wäre, würde ich einen Scheiterhaufen vor dem Palast aufrichten. Ich würde dich selber darauf festbinden. Deine Sünden würden als Rauch zum Himmel aufsteigen und das Volk wäre zufrieden. Aber ich . . .«

Er zieht sie an sich.

»Aber ich glaube nicht an die Sünde. Ich glaube nicht an den Zorn Gottes. Ich habe so getan, als gäbe ich meinen Priestern recht. Ich habe Novenen und Prozessionen genehmigt, denn je mehr man das Volk mit dem Gedanken an Buße beschäftigt, desto leichter findet es sich mit der Erhöhung der Steuern ab. Diese Niederlage war nur ein unglücklicher Zufall. Er zwingt mich, für einige Zeit das Gleichgewicht meines Königreiches aufs Spiel zu setzen, mehr nicht. Das was uns beide vereint, dich und mich, ist intakt.«

Er packt sie plötzlich bei den Handgelenken, denn sie macht schon wieder diese Bewegung, die er nicht versteht. Er wiederholt ungeduldig:

»Intakt.«

Er küßt sie. Sie läßt es sich jetzt gefallen. Sie geht sogar so weit, ihn zu provozieren. Ihr Wunsch zu fliehen ist so stark, daß sie fürchtet, man könne ihn ihr anmerken. Und so bemüht sie sich, mit gleicher Münze zurückzuzahlen. Es gelingt ihr ohne Schwierigkeit. Sie entdeckt, daß ihr Körper ihn nicht mehr ablehnt und sich ohne Widerstand hingibt. Sie ist schon so weit weg, daß er sie nicht mehr erreichen kann.

Aber diese neue Willfährigkeit erweckt schließlich das Mißtrauen des Königs. Solange er kämpfen mußte, um sie zu haben, tauschten sie etwas miteinander aus. Ihre Verweigerung war eine Antwort. Seitdem sie ihm nachgibt, spürt er die Gefahr. Er wird argwöhnisch, reizbar. Er läßt ihr immer weniger Freiheit. Es geht nicht mehr darum, sie gegen eine immer mögliche Vergiftung zu schützen. Es geht um ihn selber. Er muß sich selber schützen. Während des Staatsrates hört sie nicht zu, antwortet kaum, wenn ein Minister eine Frage an sie stellt, und ihre Antworten beweisen fast immer ihre Unaufmerksamkeit. Zuweilen berührt er ihre Hände.

»Wo bist du?«

Sie wendet sich ihm zu.

»Aber . . . hier, bei Ihnen.«

Und sie lächelt ihm zu wie einem Kind.

Eines Morgens wacht sie auf und ihr ganzer Körper ist mit kleinen violetten Pickeln bedeckt, die in der Mitte einen schwarzen Punkt aufweisen und hart sind wie kleine Bleikugeln. Am zahlreichsten sind sie nahe den Schleimhäuten und an den Stellen, die direkt der Luft ausgesetzt sind: dem Gesicht, dem Hals, den Händen.

Der Hofarzt diagnostiziert beginnende Windpocken. Der König, als er dies erfährt, empfindet eine Art von Erleichterung. »Krank, sie wird wieder mir gehören«, denkt er. Er beschließt, sie allein zu pflegen, wie eine Krankenschwester.

»Deine Schönheit«, sagt er mit leiser Stimme. »Deine Schönheit muß bewahrt bleiben.«

Er zerschneidet ein Leintuch, macht daraus eine Maske mit zwei großen Löchern für die Augen, einem für die Nase und einem für den Mund und bedeckt damit ihr Gesicht, nachdem er zuvor eine Kampfersalbe aufgetragen hat. Die Pomade, die der Arzt ihm brachte, hat er abgelehnt. Er bereitet die Salbe selber, indem er Schweineschmalz in einem irdenen Gefäß zergehen läßt. Sobald das Fett flüssig genug ist, schüttet er Kampferpuder hinein und verrührt das Ganze mit einem Holzstiel, den er vorher mit Alkohol getränkt hat. Er bemüht sich, gleichmäßig zu rühren, damit die kleinen Schmalzkörnchen zergehen und die Salbe beim Erkalten glatt und sämig wird. Jeanne beklagt sich, wenn er ihr die Maske umbindet. Sie erschwert ihr das Atmen. Immer wieder wird sie von Fieberanfällen geschüttelt. Sie versucht das Tuch wegzureißen. Er muß ihr die Hände in eine Art von Handschuh stecken, den er aus Wachstuchstreifen herstellt. Da sie trotz der Handschuhe versucht, sich von der Maske zu befreien, bindet er ihr schließlich die Handgelenke an den beiden Bettpfosten an.

»Deine Schönheit«, wiederholt er mit leiser Stimme, »wenn du dir das Gesicht zerkratzt, verlierst du deine Schönheit.«

Fünf Tage lang hält er bei ihr Wache, am sechsten sinkt das Fieber.

»Ich bin gesund«, sagt Jeanne.

Sie verlangt nach einem Spiegel. Er schüttelt den Kopf.

»Warum?«

Er bindet eines ihrer Handgelenke los, rollt die Wachstuchbinde auf, die die Hände schützt, legt ihre Handfläche frei und hebt sie, ohne sie loszulassen, in die Höhe von Jeannes Augen. Die Pocken haben sich vergrößert, gehen ineinander über und bedecken die ganze Handfläche. Sie sind nicht mehr violett, sondern weißlich und scheinen die Haut zerfressen zu haben. Die schwarzen Punkte haben sich in helle Flüssigkeit verwandelt.

»So sieht mein ganzer Körper aus?« fragt Jeanne.

Er nickt.

»Auch das Gesicht?«

Er nickt wieder und wickelt die Hand wieder in den Handschuh.

»Diese Flüssigkeit muß aus dir heraus. Dann kannst du dich ansehen.«

Er weiß es, weil er es schon bei anderen gesehen hat. Er weiß, daß die Flüssigkeit dick, gelb und eitrig werden wird und langsam heraussickert, wenn die Pocken aufgehen. Er weiß, daß es notwendig sein wird, sie mehrmals am Tag zu baden und die Salbe unter der Maske zu erneuern. Er weiß, daß die Hände festgebunden bleiben müssen, denn das Jucken wird unerträglich, und wer sich die Haut aufkratzt, bleibt für immer pockennarbig.

Er hat eine kupferne Wanne im Zimmer aufstellen lassen. Er bereitet eine juckreizstillende Flüssigkeit, indem er zwei Kilogramm graues Salz hineinschüttet und Ammoniak darübergießt. Er nimmt eine im Feuer erhitzte Schaufel und mischt das Ganze kräftig. Dann taucht er Jeanne hinein und spannt ein Tuch über die Wanne, damit die Ammoniakdämpfe sie nicht erstikken. Wenn sie aus der Wanne steigt, hüllt er sie in ein trockenes Leintuch, hilft ihr, sich hinzulegen, zündet eine Kampferzigarette an, steckt sie durch das Loch in der Maske und läßt sie kurze Züge machen.

Als der Eiter herauszusickern beginnt, hält sie nichts mehr auf ihrem Körper aus – nichts als ein Leintuch, das schnell fleckig wird und das er ständig wechselt. Sie ist vollkommen von ihm abhängig. Er muß den Eiter abwischen, sie waschen, sie abreiben, und all das in einem Geruch von schmutzigen Leintüchern und Spülbecken. Er vergißt, daß er König ist. Er verliebt sich in diesen wehrlosen Körper, der immer nackt vor ihm liegt, den er als Liebhaber ganz zu besitzen glaubte und über den er nun alles lernen muß, bis zu den beschämendsten Funktionen. Und aus Geduld und Demut wächst eine andere Liebe in ihm. Er erinnert sich nicht mehr, ihr Liebhaber gewesen zu sein. Er erinnert sich nur an die ersten Jahre, als er Jeanne von weitem begehrte, und er fragt sich, ob die Geduld, mit der er dieses Warten ertrug, nicht das Edelste in ihm gewesen sei, und ob seine Hoffnung aus jener Zeit sich nicht in dem erfüllt hat, was er hier entdeckt – ein seiner Obhut anvertrautes Kind.

Eines Nachts spricht sie. Er glaubt erst, daß sie klagt. Aber er sieht, wie ihre Lippen sich bewegen und neigt sich zu ihr. Sie spricht mit einer Stimme, die von weither kommt, wie erstickt durch die Entfernung.

»Jede Nacht . . . Du hast jede Nacht gesprochen, oft bis zum Morgengrauen . . . All die Worte, die du mir gesagt hast und die ich glaubte, die in mir geblieben sind . . . Das ist es, was seit fünf Jahren in mir verfault . . . Das ist es, was ich ausspucke . . . So, es ist erledigt, ich bin leer.«

Der König versteht, daß nicht er gemeint ist. Jeanne spricht mit jemandem, der neben ihr liegt, dem sie sich manchmal zuwendet, mit langen Pausen des Schweigens, als höre sie ihn antworten. Dann kommen wieder Worte, Worte aus einer Zeit vor der seinen, die sie von weit herholt, um sie aus sich herauszureißen. Manche sind so tief vergraben, daß sie sich nur unter Tränen von ihnen befreien kann. Er wischt diese Tränen nicht fort.

Er hat nicht das Recht dazu. Sie werden mit der abgestorbenen Haut trocknen. In ein paar Tagen werden sich die Krusten lösen. Er wird ihr endlich einen Spiegel vorhalten können, damit sie erkennt, daß er ihre Schönheit zu bewahren gewußt hat.

Sie beginnt bei den Knöcheln, fährt dann die Beine entlang, mit geschlossenen Augen, denn ihre Finger sollen es vor ihr wissen. Ihre Haut scheint nicht mehr so ausgetrocknet wie nach der Vergiftung. Sie ist wie neu, seidig in den Kniekehlen und dank der Bäder und Salben so geschmeidig wie früher. Sie denkt: »Ich bin eine Schlange. Ich habe mich gehäutet.« Sie sitzt auf ihrem Bett, zum erstenmal seit fünf Wochen wieder mit freien, unverbundenen Händen. Sie hat gebeten, daß man die Fenster öffne, damit die Sonne ins Zimmer scheine. Sie spürt sie auf dieser neuen Haut. Sie spürt ihre Wärme, den Wind, der mit den Vorhängen spielt, und es ist, als dränge er sie, wieder ihre Hände zu bewegen, ihren Bauch zu berühren, ihren Brustkorb, ihren Busen. Auch ihre Handflächen sind wie neu. Die Löcher, die ihr der König gezeigt hat, sind verschwunden. Wenn man genau hinsieht, kann man zarte Narben erkennen, aber sie sind wie andere Handlinien, aus denen man die Zukunft liest. Sie hat immer noch die Augen geschlossen. Sie berührt ihren Hals, ihr Kinn, ihre Wangen. Sie zögert am Rand ihrer Backenknochen.

»Berühre sie«, sagt der König, der mit einem Spiegel in der Hand neben ihr steht. »Berühre sie und schau.«

Sie berührt sie. Sie tastet die Spuren der Pocken ab. Winzige Risse, über die sie mit dem Fingernagel fährt.

»Man sieht sie kaum«, sagt der König. »Ein wenig Puder wird genügen.«

Sie öffnet die Augen, sieht in den Spiegel. Und es ist wahr. Man sieht nur ganz zarte Spuren, die leicht zu überschminken sind. Ihr Gesicht ist friedlich, entspannt, so weich wie damals, in den Zimmern im ersten Stock in Paris.

»Siehst du«, sagt der König.

Er neigt sich zu ihr.

»Ich war kein schlechter Krankenpfleger.«

Sie blickt ihn an. Und da, auf seinem Gesicht, steht alles geschrieben, seine Müdigkeit, seine schlaflosen Nächte, seine ganze Verzweiflung und das Warten auf irgendeine Belohnung, einen Dank dafür, daß er sie geheilt hat. Sie würde ihm gerne danken, aber sie kann es nicht. Und sie schämt sich dessen. Doch sagt sie sich, daß diese hingebungsvolle Pflege nichts anderes war als eine verspätete Wiedergutmachung, und was auch immer er für sie getan hat, die Rechnung zwischen ihnen wird nie aufgehen.

Er will sie in seine Arme nehmen. Sie entzieht sich ihm brüsk.

»Geben Sie acht, es brennt noch.«

Kein Mitleid, und vor allem keine Gewissensbisse. Damit würde sie sich wieder gefangengeben, sich von dem Gedanken an Flucht abbringen lassen, und das ist das einzige, was von nun an für sie zählen darf. Die Gelegenheit dazu scheint sich eines Abends zu bieten. In einer so unvorhergesehenen Weise, daß Jeanne nicht gleich begreift, als der König ihr mitteilt:

»Dein Bruder Charles ist in Genua. Er will dich besuchen. Bist du bereit?«

X

Die Flucht

Eine graue Maske

»Charles!«

Sie hat Lust zu lachen. Denn er trägt eine Maske mit grauen Haaren, einem grauen Schnurrbart und kleinen Falten um die Augen. Vielleicht hat er Angst, erkannt zu werden? Doch als er näherkommt, begreift sie, daß es sein wirkliches Gesicht ist, so lange ist es schon her, daß sie Kinder waren – und sie wagt nicht, ihn zu umarmen.

Er blickt sie wortlos an. Sie hebt die Hand, um ihre Pockennarben zu verbergen.

»Ja«, sagt sie.

Sie wendet sich ab, fragt hastig:

»Was machst du in Genua?«

»Wir sind von einem Sturm überrascht worden. Wir haben den nächstliegenden Hafen angesteuert, und da an dem Schiff einige Schäden zu reparieren waren, sind wir dort mehrere Wochen geblieben.«

Als glaube er, sie wüßte es nicht mehr, fügt er hinzu:

»Ich diene immer noch in der Marine.«

»Und ich bin immer noch die Dirne des Königs.«

Sie blickt ihm gerade ins Gesicht.

»Die Dirne, ja. Das ist der Name, den man mir hier

gibt. Ich nehme an, in Frankreich, in Paris oder in Versailles, gibt man mir den gleichen, falls dort noch irgendjemand von mir spricht.«

Sie lächelt unvermittelt.

»Ist es die Dirne, die du besuchst?«

Auch Charles lächelt.

»Vielleicht später. Die, die ich zuerst besuchen will, ist die, die ich morgens aufweckte, die Jeanne hieß.«

Er nimmt ihr Gesicht in beide Hände.

»Erinnerst du dich an Jeanne?«

Es ist, als öffne sich in dem Gang mit den Kinderzimmern eine Tür, und sie schließt die Augen, während er sie küßt.

»Rieche ich immer noch nach Nacht?« fragt sie mit leiser Stimme.

Er küßt sie wieder.

»Ja, aber es sind keine guten Nächte. Du schläfst schlecht. Du empfindest, was unser Vater im Augenblick seines Todes empfand: den Schmerz der Demütigung.«

Sie erschrickt.

»Wann ist er gestorben?«

»Letztes Jahr.«

»Der Kummer?«

»Das Alter.«

»Ohne ein Wort für mich?«

»Ohne ein Wort. Aber Schweigen war die einzige Art, mit dir zu sprechen.«

Sie bleibt lange regungslos. »Ich müßte weinen«, denkt sie. »Ich müßte den Tod meines Vaters beweinen.« Aber sie erinnert sich an den Schnee in Bourbon-Lancy, an die Bänke, auf denen sie saßen, an den Tag, an dem er sie vom Boden hob, und es ist, als hätte er Charles geschickt, um dies nun an seiner Statt zu tun.

»Komm«, sagt sie.

Sie ist mißtrauisch in diesem Palast. Sie fühlt sich nicht zu Hause. Sie zieht ihn fort zu einem kleinen, von Mauern umgebenen Garten, in dem sie oft allein ist. Er befindet sich genau unter den Fenstern des Königs, und sie weiß, daß er sie von oben beobachtet, aber wenn man leise spricht, kann er nichts verstehen.

Es ist ein Tag im September. Die Blätter sind noch grün. Gewöhnlich setzt sie sich in den Schatten. Aber heute müssen sie gesehen werden. Damit der König nicht glaube, sie schmiede ein Komplott mit ihrem Bruder.

Sie sagt, während sie den Garten betreten:

»Wir sollten den Anschein erwecken, als seien wir Feinde. Du empfindest nur Verachtung für mich. Du hast diese Reise gemacht, um mir dies im Namen der Familie mitzuteilen. Und ich verteidige mich.«

Sie beginnen zwischen den Mauern hin und her zu gehen.

»Da hast du mein Leben«, sagt sie. »Ich renne gegen Mauern an. Ich suche eine Tür. Der König ist da, um mich zu überwachen. Er weiß, daß ich fort will. Daß ich fort *muß*. Er weiß es schon seit einiger Zeit. Aber er ist nicht fähig, von sich aus zu sagen: ›Einverstanden, du bist frei.‹ Ich versuche ihn auf die Probe zu stellen. Am Abend, wenn wir alleine sind, gehe ich langsam zur Tür. Er blickt mich unverwandt an. Er ist nahe daran, nachzugeben. Im letzten Moment sagt er nein.«

»Und dein Mann?«

Sie schüttelt den Kopf.

»Ich weiß es nicht.«

»Wo ist er?«

»Ich sage dir doch, ich weiß es nicht. Ich hatte geglaubt, der König habe ihm ein Regiment anvertraut. Aber während des Krieges mit den Franzosen wurde sein Name nicht ein einzigesmal erwähnt.«

Sie hält inne, blickt ihren Bruder an.

»Kannst du dich an den Reiter erinnern, der auf die Wand gemalt war? Du hattest mir versprochen, daß er eines Tages den Kopf wenden und mich anblicken würde. Damals glaubte ich alles, was du sagtest. Also habe ich gewartet. Als ich meinen Mann zum ersten Mal sah, habe ich sofort an dich gedacht. Ich sagte mir: ›Da ist das, was Charles mir versprochen hat, die Wand, die mich anblickt.‹ Wie ein Wunder, verstehst du? Endlich jemand, der mich sah, der mich von meiner Treppe fortholte, der mir vorschlug, in Piemont zu leben – für mich fast das andere Ende der Welt, fast auf dem Mond. Ich habe zu allem ja gesagt, ohne daß ich auch nur versuchte, zu verstehen. Ich bin auf alles eingegangen, habe alles gegeben und im Austausch dafür alles erwartet. Es war zu viel, das weiß ich jetzt. Durch die Heirat, habe ich geglaubt, wird mein Mann ich und ich werde er und man ist ineinander eingeschlossen. So weit konnte er mir nicht folgen. Er hat mir gegeben, was er konnte, so viel er konnte. An dem Tag, an dem er seine Grenzen erreichte, glaubte ich, er verrate mich. Aber die Schuld lag bei mir. Ich hatte mein Treppenhaus nicht verlassen. Ich hatte es mitgenommen, wieder aufgebaut. Ich habe meine Einsamkeit wieder um mich aufgebaut, die, zu der ihr mich verdammt hattet, ja, ihr alle, meine Brüder und meine Schwestern, als ihr einer nach dem anderen das Haus verlassen habt. Ich bin meinem Mann nicht mehr böse, das ist vorbei. Aber das, was er mich gelehrt hat . . .«

Sekundenlang schließt sie die Augen.

»Hast du das auch gekannt? Die Liebe, die alles ist: Freude, Gedanken, Hoffnung? Es gibt nur ein sehr abgenütztes Wort dafür, ich weiß, aber ich kenne kein anderes: das Glück – nicht mehr zu wissen, daß man atmet –, das hat mein Mann mich mit fünfzehn Jahren gelehrt, es ist in mich eingedrungen, es hat alles verbrannt, es brennt noch immer, und wird erst mit mir erlöschen. Und ich weiß nicht, was ich damit machen soll. All dieses Glück in mir, Charles, diese Begabung für das Glück, die keine Verwendung findet, die durch keine andere Form der Liebe ersetzt werden kann.«

Sie hebt die Augen, sucht den Schatten des Königs hinter den Fensterscheiben.

»Er ist das Gegenteil, das finstere Glück. Wie Rivoli in seiner Asche.«

Sie reißt eine Handvoll Blätter ab.

»Bald wird es Winter, Charles. Ich bin schon fünfundzwanzig. Wenn ich das Recht auf ein anderes Leben habe, so muß es beginnen. So muß es jetzt beginnen. Ich weiß, daß mein Gesicht gezeichnet ist, daß ich weniger gefallen werde. Aber ich werde trotzdem noch da und dort mein Vergnügen haben, das ist alles, was mir bleibt.«

Sie beginnt wieder auf und ab zu gehen.

»Deine Kinder?« fragt Charles.

»Welche?«

Sie blickt wieder auf das Fenster des Königs.

»Seine, die habe ich ihm am ersten Tag zurückgegeben. Ich kenne sie nicht einmal. Meine . . .«

Sie lacht kurz auf.

»Die Gräfinwitwe und der Onkel Abbé haben ihnen sicher beigebracht, daß sie die Dirne des Königs zur

Mutter haben. Ich warte, bis sie alt genug sind, um selber zu urteilen.«

Sie ist in einer Ecke der Mauer angelangt und lehnt sich mit beiden Händen dagegen. Sie erscheint Charles plötzlich so klein, so zerbrechlich, in diesem zu weiten Kleid, dem zu hoch frisierten Haar, daß er die Hand zu einer Geste der Zärtlichkeit hebt. Er hält sich rechtzeitig zurück, denn er weiß, daß der König sie beobachtet. Aber er lehnt sich neben Jeanne an die Mauer und sagt mit leiser Stimme:

»Ich kann dich entführen. Leicht. Mit zwei oder drei Männern denke ich mir einen Plan aus. Sage mir, wo und wann.«

»Es ist weniger leicht, als du glaubst.«

»Warum?«

»Weil ich Gepäck habe.«

Sie schließt die Fäuste.

»Viel Gepäck. Alles, was er mir geschenkt hat, nehme ich mit.«

Charles richtet sich auf.

»Dein Mann oder der König?«

»Der König.«

»Juwelen?«

»Nicht nur. Kunstgegenstände, Möbel. Einige sind in Rivoli verbrannt, aber ein paar konnte ich retten, und den Rest werde ich mit dem ersetzen, was hier ist. Es ist mein Lohn für fünf Jahre, Charles. Ich werde ihn nicht hier zurücklassen.«

Charles sieht plötzlich aus, als wolle er einen Luftsprung machen.

»Das ändert natürlich alles!«

Er stellt sich vor die Fenster des Königs und blickt sie herausfordernd an.

»Ihm seinen Palast ausräumen. Ihm Stück für Stück seine Möbel wegnehmen und sie über die Grenze bringen. Die Macht lächerlich machen. Ja, das ja, dabei helfe ich dir. Das ist keine Flucht mehr. Das ist Rache. Das ist die Jeanne, die ich kannte.«

Er versucht sein Lachen zu unterdrücken, indem er die Hände vor das Gesicht hält, und von dort oben könnte es so aussehen, als weine er.

»Hör zu. Ich komme nicht mehr wieder. Es ist zu gefährlich, wenn man mich sieht. Aber in ein paar Tagen schicke ich dir jemanden. Jemanden, der Lorrain heißt. Er wird dir sagen, was zu machen ist. Denn ich werde einen Weg finden. Ich weiß noch nicht welchen, aber ich verspreche dir, daß ich einen finde.«

Nach vier Tagen erscheint Lorrain im Palast. Er verlangt, mit Jeanne zu sprechen. Er läßt ihr sagen, daß er Kaufmann sei, daß er Bilder und Möbel verkaufe, er sei auch Tapezierer, handle mit Stoffen, habe gerade in Turin ein Geschäft eröffnet, wisse, daß die Villa in Rivoli abgebrannt sei und mache sich erbötig, sie neu einzurichten.

Jeanne empfängt ihn. Als sie ihn sieht, hat sie wie beim Anblick von Charles, Lust zu lachen, weil auch er aussieht, als trüge er eine Maske. Aber seine ist echt. Er spielt einen Kaufmann, er kommt vielleicht von dem gleichen Schiff wie ihr Bruder, sie ist ihm vielleicht in Paris begegnet, damals, im Palais Luynes, als ihr Bruder seine Freunde empfing, und um sich beim Sprechen nicht zu verraten, gibt sie ihm nur ein Zeichen, daß sie zuhört.

Lorrain wiederholt, was er ihr hat sagen lassen, daß er ein Geschäft in Turin habe und daß er gekommen sei, ihr seine Dienste anzubieten. Und da Jeanne nicht weiß, wie sie antworten soll, weil sie noch nicht ahnt, worauf Charles hinauswill, wird Lorrain deutlicher:

»Frau Gräfin mögen gütigst verzeihen, was man mir vielleicht als Dreistigkeit auslegen könnte, jedoch ist es für niemanden ein Geheimnis, daß die Vermögenslage des Königreiches unter dem Krieg gelitten hat. Ich schlage daher vor, zu tauschen und nicht zu kaufen. Ich möchte damit sagen: wenn man ein Haus wieder aufbaut, wünscht man sich oft, daß es ein neues Gesicht bekommt, die Möbel einen anderen Stil. Ich wäre daher gerne bereit . . . was sage ich? Es wäre eine Ehre für mich, einen Teil der Möbelstücke zu übernehmen, die ich hier sehe, und der Frau Gräfin so viel Zeit zu lassen, wie sie will, um andere auszusuchen.«

Jeanne wagt nicht, ihn anzublicken. Denn sie fürchtet, man könne ihr ansehen, wie sie innerlich frohlockt und wie sehr sie wünscht, Charles für die Idee dieser Falle zu danken, die sie schon zuschnappen sieht. Sie ergreift einen Fächer, schlägt damit gegen das Holz ihres Sessels, als denke sie nach, und sobald sie sich wieder in der Hand hat, sagt sie sehr schnell:

»Kommen Sie morgen wieder. Ich werde Ihnen Antwort geben.«

Noch am gleichen Abend spricht sie mit dem König darüber. Er ist sofort einverstanden. Denn diese Idee eines Tausches bedeutet Einsparungen, die ihm sehr gelegen kommen. Vor allem aber schöpft er plötzlich wieder Hoffnung, als er Jeanne von Rivoli sprechen hört. Er hält es für ein Zeichen ihrer völligen Genesung, glaubt, sie vergesse ihre Gedanken an Flucht und hofft, da sie nun ein Haus für sich einrichtet, daß sie sich damit abgefunden habe, an seiner Seite alt zu werden.

Am nächsten Morgen kommt Lorrain, um sich seine Antwort zu holen: Man ist einverstanden. Das Unternehmen kann beginnen. Nacheinander verlassen die Möbel den Palast, werden zu einer Remise am Ende des Gartens geschafft und von dort über ein Netz von Kellern zu einem Wagen gebracht, der sie nach Genua befördert. Charles überwacht selber ihre Verladung auf ein französisches Schiff. Es sind Schränke, Truhen und Kommoden, die so schwer sind, daß manchmal mehrere Männer benötigt werden, um sie an Bord zu ziehen. Denn während sie in der Remise aufbewahrt wurden, hat Lorrain die Laden mit Wäsche, Geschirr und Silber angefüllt.

In einem Monat ist alles verschwunden, was Jeanne ausgesucht hatte. Sie wartet auf den 14. Oktober. Der König muß an diesem Tag Turin verlassen, um sich zu der Versammlung der Stände von Chambéry zu begeben. Er hat Jeanne gebeten, ihn zu begleiten. Sie hat ihre gerade überstandene Krankheit vorgeschützt und betont, sie wolle ihre Genesung nicht gefährden. Sie hat auch eingewandt, daß die neuen Möbel bald eintreffen würden und daß sie es nicht erwarten könne, sie auszuwählen. Der König reist allein. Am frühen Nachmittag läßt sie ihren Wagen einspannen.

»Sie fahren mit mir nach Rivoli«, sagt sie zu ihren Frauen. »Ich brauche einige Maße, um die neuen Pläne zu zeichnen.«

Es ist ein schöner Tag, die Blätter sind herbstlich, der Himmel hat große weiße Flecken. Als sie ihr Ziel schon fast erreicht haben, läßt sie den Wagen bei einem kleinen Wald anhalten.

»Fahren Sie voraus. Ich möchte ein paar Schritte zu Fuß gehen. Vielleicht ist heute der letzte schöne Tag.«

Der Wagen entfernt sich. Jeanne betritt den kleinen Wald, schlägt einen Pfad zur Linken ein, überquert auf einer kleinen Brücke einen Bach, biegt wieder ab. Sie hört das Geräusch von Pferden, beginnt zu laufen.

»Hierher!« sagt jemand.

Sie erkennt Charles. Als er sie erblickt, braucht er sein Lachen nicht mehr zu unterdrücken, denn niemand kann sie hören. Sie läuft schneller, wirft sich in seine Arme und lacht mit ihm.

Vier Stunden später sind sie in Frankreich.

XI

Die Koketterie

Eine schillernde Maske

Zuerst versteckt sie sich. Sie schließt sich im Kloster bei den Zisterzienserinnen in der Rue Saint-Jacques ein. Ein kleines Zimmer im ersten Stock: ein Stuhl, ein Bett, ein Toilettentisch. Nicht, um Buße zu tun, sondern weil ihr die Türen verschlossen sind. Ihr liederlicher Ruf ist zu bekannt, man wagt es nicht, sie einzuladen.

»Rechne nicht mit Freudenschreien oder Kälbern, die man für die Heimkehr des verlorenen Sohnes schlachtet. Alle werden dir den Rücken kehren. Sogar unsere Schwestern. Sie werden es nicht wagen, sich mit einer Sünderin zu kompromittieren.«

Er lächelt ironisch.

»Man fühlt sich heute bei Hof bemüßigt, die Worte Sünde, Reue, *mea culpa* zu verwenden. Seitdem der König der Maintenon nachgegeben hat, kleidet er sich in Schwarz und liest das Evangelium. Er versucht, vergessen zu machen, daß auch er ein liederliches Leben geführt hat, schlimmer als deines, denn er hatte keinen anderen Herrn als sich selber und lebte nur seinem Vergnügen. Um mit der Mode zu gehen, muß man sich daher jetzt mit Asche bestreuen und ein großes Meßbuch vor sich hertragen. Und das ist nichts als Heuchelei, denn kaum ist das Meßbuch geschlossen, zünden sie alle um die Wette dem Teufel eine Kerze an. Natürlich ohne den Schleier abzulegen oder die Soutane aufzuknöpfen. Dich also wird man verwerfen. Zu Beginn wenigstens. Ich hoffe, du wirst es ertragen.«

Sie erträgt es sehr gut. Sie ist sogar ganz zufrieden. Sie kostet ihre neue Freiheit aus und entdeckt nun alles, was ihr in Turin verboten und wozu sie mit fünfzehn Jahren noch zu jung war: das ziellose Herumwandern, den Besuch von Geschäften, das Feilschen um ein Stückchen Seidenband, das Vergnügen, sich einfach irgendwo hinzusetzen und die Vorübergehenden zu betrachten, ohne etwas von ihnen befürchten zu müssen. Unbekannt, ungesehen, lange ruhige Stunden, in denen manchmal sonderbar unwirkliche Erinnerungen auftauchen. Und sie lächelt leise, wenn sie daran denkt, daß sie in Piemont den Rang einer Königin hatte – und hier in Paris sitzt sie auf ihrer Bank und ist nichts als eine einfache Privatperson.

Sie geht zum Palais Luynes, blickt von weitem durch das Tor und denkt, daß ein Gärtner Not täte, daß man zu ihrer Zeit die Buchsbäume besser gepflegt hatte. Die hohen Fenster werfen kein Licht zurück. Es scheint, daß niemand mehr die Fenster putzt und daß in der Abwesenheit ihres Vaters alles stillsteht. Sie fragt sich, wo *Sakristei* sein mag, erinnert sich an den Geruch ihrer Schürzen und geht näher heran. Aber dann scheint es ihr, als bewege sich ein Vorhang und sie entfernt sich raschen Schrittes. Sie möchte nicht gesehen werden. In ihrem Zimmer im Kloster lernt sie, wieder alleine zu schlafen.

Bis zu dem Tag, da man sie entdeckt: Ein Herr von Vernon, der an die Tür der Zisterzienserinnen klopft.

Jeanne kennt ihn. Es ist der Botschafter von Piemont in Versailles. Sie weigert sich zuerst, ihn zu empfangen. Aber die Mutter Pförtnerin verrät sie, ohne es zu wollen, indem sie antwortet, die Frau Gräfin sei da. Und so geht sie hinunter.

»Madame . . .«

Der Botschafter steht mitten im Sprechzimmer. Als man die Vorhänge vor dem Gitter zurückschiebt und er Jeanne erblickt, verneigt er sich hastig.

»Sie wissen, wer mich schickt.«

Jeanne macht eine Bewegung, als wolle sie gehen.

»Seien Sie beruhigt. Ich habe keine Wache mit. Ich komme nicht, um Sie mit Gewalt nach Turin zu verschleppen. Ich komme nur, um Ihnen dieses zu bringen.«

Er zeigt auf eine Schatulle, die auf einem Sessel liegt.

»Es ist der Rest Ihrer Juwelen. Der Herzog von Savoyen wurde gewahr, daß Sie im Trubel der Abreise nicht alles mitgenommen haben. Er hat mich beauftragt, sie Ihnen, mit diesem Dokument, zurückzugeben.«

Er schiebt ein Couvert durch das Gitter.

»Ein Wechsel über acht Millionen Livres, die mein Herr Ihnen zu schulden glaubt. Denn, so trug er mir auf Ihnen zu sagen, er hält seine Schuld Ihnen gegenüber für groß, was auch immer geschehen sei. Er bat mich hinzuzufügen . . .«

Herr von Vernon tritt einen Schritt zurück und erhebt seine Stimme, als wolle er, daß das ganze Kloster ihn höre.

»Er bat mich hinzuzufügen, daß er Ihnen verzeiht, ihm Undank bewiesen zu haben.«

Jeanne schweigt einen Augenblick. Etwas in ihr

drängt sie, zu lächeln, als wäre das Spiel, das sie mit Charles begonnen, noch nicht wirklich beendet.

»Antworten Sie ihm von mir«, sagt sie schließlich und erhebt gleichfalls ihre Stimme, »daß ich ihm verzeihe, mich geliebt zu haben.«

Sie könnte jetzt das Kloster verlassen. Sie hat genügend Geld, um sich ein Stadtpalais zu leisten, und die in Genua eingeschifften Möbel hatten ohne Schwierigkeiten den Hafen von Marseille erreicht, von wo vier Packwagen sie nach Paris geführt haben. Aber Jeanne zieht es vor, zu warten. In diesem Klima der Frömmigkeit, wo jeder trachtet, den anderen zu überbieten, ist eine Büßerzelle ein unschlagbares Atout. Man muß es nur auszuspielen wissen. Denn die staunende Freude, wieder frei zu sein, ist rasch abgestumpft. Sie möchte, daß die Türen sich zu öffnen beginnen, daß man etwas auseinanderrückt, um ihr Platz zu machen. Und so beschließt sie, das Mobiliar, das sie nicht mehr als ihren Lohn zu bezeichnen wagt, in einer großen Möbelkammer abzustellen und ihr kleines Gurtbett hervorzuholen.

Der Besuch des Herrn von Vernon spricht sich schnell herum. Man gewöhnt sich daran, über sie zu reden. Mit leiser Stimme natürlich, aber ihr Name zirkuliert. Ihre Familie kann nicht umhin, ihn zu hören und muß sich zu einer Stellungnahme entschließen. Soll man eine Frau für immer verurteilen, die ihrer schändlichen Vergangenheit den Rücken gekehrt hat und so viele Beweise ihrer Reue liefert? Ist es nicht die erste Pflicht eines Christen, Fehler zu verzeihen? Die Frage stellt sich immer häufiger, denn Jeanne nährt die wachsende Neugierde sehr geschickt, wer sie aufsucht, wird empfangen. Sie sorgt dafür, daß man den einen zuträgt, was sie wissen sollen, und den anderen, wofür sie Verständnis erhofft. Die fünf Jahre des Regierens in Piemont waren für sie nicht verloren. Es gelingt ihr, ein Netz von Verschwörungen zu spinnen, in dem sich ihre Verwandten schließlich verfangen. Die Chevreuse geben als erste nach und willigen ein, ihr die Hand zu reichen. Sie sind Cousins, die eine Rolle spielen. Die übrigen folgen ihrem Beispiel. Jeanne fühlt sich alsbald wie ein Schiff, das in den Hafen zurückkehrt. Sie geht vor Anker.

Trotz aller Bescheidenheit leistet sie sich einen Spiegel. Sie blickt oft hinein und findet, daß sie besser aussieht. Denn Turin ist schon weit fort, hier kann sie atmen, und sie kann wieder schlafen. Aber sie fährt mit dem Finger über ihre Narben, die sie, seitdem sie die Maria Magdalena spielt, nicht mehr unter allzu viel Puder zu verbergen wagt. Sie sagt sich, daß sie allmählich wirklich sichtbar werden und daß es sehr schade ist, weil alles andere sich verjüngt hat. In manchen Nächten wacht sie auf und findet ihr Bett sehr schmal. Wenn sie während der Messe zu vielen Nonnen begegnet ist, beugt sie sich aus dem Fenster und sieht den Gärtnern zu.

Bis zu dem Tage, da sie Witwe wird.

Dieser Ehemann, von dem sie nie mehr etwas gehört hat, taucht auf der Liste der Gefallenen auf. Man hatte ihn zum Rittmeister ernannt. Sein Bataillon war in der unheilvollen Schlacht von Höchstädt eingesetzt worden, in der sehr viele Soldaten gefallen waren.

Sie empfindet keinen Schmerz. Für sie war er schon lange tot. Aber sie bleibt einen ganzen Tag reglos in ihrem Sessel sitzen, um die Leere zu ermessen, die sich in ihr ausbreitet, die sie schwindeln macht und ihr endgültig beweist, was sie Charles anvertraut hat: daß diese ungeheure Begabung für das Glück, die ihr Mann in ihr erweckt hatte, sie immer mehr aufzehrt, wie eine Krankheit, ohne noch für irgendetwas gut zu sein.

Es wird Nacht. Sie hört die Glocke zum Beginn der Messe läuten. Sie wird nicht beten. Sie wird nicht weinen. Sie wartet, bis es ganz dunkel ist, und instinktiv, wie zur Erinnerung an jenen ersten Abend, als der junge Graf von Verue zum Abendessen kam, hakt sie ihr Mieder auf und berührt mit gieriger Gebärde ihre Brust.

Jetzt, da sie die achtbare Witwe spielen kann, hat sie keinen Grund mehr, im Kloster zu leben. Und so räumt sie ihre Möbelkammer aus und nimmt ein Haus. Ein großes Haus, das sie, da Enthaltsamkeit immer mehr in Mode kommt, ohne allzu viel Prunk, aber doch mit genügend Komfort einrichtet, damit ihre Gäste sich dort wohl fühlen. Die Neugierde, die sie erweckt hatte, wandelt sich. Man kommt nicht mehr, um die reuige Sünderin zu begutachten, sondern das, was ihre Sünden ihr eingebracht haben. Die Geschichte der Möbel beginnt die Runde zu machen. Sie belustigt. Jeanne stellt einen hervorragenden Koch ein. Sie weiß, daß wer gut gegessen hat, wiederkommt, daß die Neugierde nicht lange anhält, aber daß das Vergnügen zur Gewohnheit wird und daß der Kreis ihrer Besucher sich mit der Zeit erweitern wird. Man bleibt bis spät in die Nacht bei ihr. Man gibt sich ungezwungen. Die Abendtafel ist nur ein Vorwand für gedämpfte Ausgelassenheit. Niemals wird gegen den guten Ton verstoßen, aber – man amüsiert sich. Darauf kommt es an. Jeanne erinnert sich, daß sie einst Witz besaß. Sie findet ihn wieder, unbeschädigt, mit einer Spur von Bitterkeit, die sich rasch in Ironie verwandelt. Sie lernt wieder zu lachen, bringt andere zum Lachen, hält sich dabei jedoch immer an die Regeln, mit denen sie aufgewachsen ist. Das alles hat große Ähnlichkeit mit dem Leben am Hof von Turin, jedoch regiert sie hier allein, wählt ihre Höflinge selber aus, und das Essen wird in ihrer eigenen Küche zubereitet, so daß sie es nicht mehr von ihren Hunden vorkosten lassen muß.

Sie gefällt den Jungen, das bemerkt sie sofort. Den ganz Jungen vor allem, die ihre Söhne sein könnten. Sie haben noch alles zu lernen. Jeanne lehrt sie in großzügigster Weise. Doch ahnen sie nicht, wenn sie sich vortasten und Jeanne über ihre Ungeschicklichkeit lacht, wie gleichgültig sie ihr sind und daß sie selber sich zu jenen anderen Nächten vorkämpft, die bittere Sehnsucht in ihr erwecken und das Verlangen, jener Stimme zu gehorchen, die sagte: »Öffne dich!«

Diese Stunden, auf die sie zu warten beginnt, machen ihr Angst, denn sie hinterlassen Spuren – sie sieht müde aus, ihr Gesicht wird schmal und sie zählt ihre Jahre. Sie versucht mit Charles darüber zu lachen, wenn er sie zwischen zwei Schiffahrten besucht. Ihre Zuneigung zueinander ist unverändert, und da er immer nur für ein paar Tage kommt, schließt sie ihr Haustor und empfängt nur ihn. Aber eine Art Scheu schleicht sich zwischen ihnen ein, sie geht von ihm aus, als ermüde das Ohr in einem gewissen Alter schneller. Wenn sie mit ihm spricht, ist sie nicht mehr sicher, daß er zuhört. Er wirkt manchmal etwas steif, macht immer längere Pausen des Schweigens. Er ist weiß geworden – die Haare, der Bart, die Haut –, und wenn er sie verläßt, drängt sich ihr der Gedanke auf, daß sie ihn nicht mehr wiedersehen wird. Sie erzählt ihm ihre Geschichten von den jungen Männern vor allem, um ihn zu belustigen, ihn zu schockieren, um einen Widerhall bei ihm zu finden. Er scheint so weit entrückt, daß sie versucht, sich zu rechtfertigen.

»Es ist an der Zeit, daß ich siege«, sagt sie.

»Gegen wen?«

»Gegen das, was kommt.«

Das, was sie von sich fernhält – aber wie lange noch? Seitdem sie nicht mehr im Kloster ist, hat sie wieder gelernt, sich zurechtzumachen. Sie läßt sich Salben anfertigen. Sie bringt immer mehr Spiegel an, denn sie will es als erste wissen. Wissen, was sie verrät. Und wenn sie eine neue Spur entdeckt, bietet sie sich, nachdem sie versucht hat, sie zu verdecken, dem ersten jungen Mann an, der ihr begegnet und sucht an seiner Seite jene anderen Nächte.

All dies natürlich ohne Aufsehen. Sobald es dunkel wird, schließt man die Vorhänge, um die Spione von Versailles nicht aufzuschrecken. Denn die Sonne des alten Königs will nicht untergehen. Die Dämmerung zieht sich in die Länge, in Farben, die nichts mehr mit einem prachtvollen Feuerwerk zu tun haben. Die Dämmerung ist grau wie Asche. Sie ist moros. Der Hof erstickt sein Gähnen und beginnt einem kleinen Knaben zuzulächeln, der die Nachfolge antreten und einen Vormund brauchen wird, da er erst vier Jahre alt ist. Und das Spiel besteht darin, zu wissen, wer und wann.

XII

Die Verzweiflung

Eine schwarze Maske

»Komm herauf!«

Der kleine Neger springt auf das Bett und kauert sich zu ihren Füßen nieder.

»Knurre!«

Er beißt in das Leintuch und läßt ein ersticktes Knurren hören.

»Lecke!«

Sie streckt ihren nackten Arm aus. Er zeigt die Zähne, tut so, als wolle er das Handgelenk packen und leckt mit einer rosa Zunge ihren Arm hinauf bis zur Schulter.

»Jetzt küsse!«

Sie legt sich zurück und nimmt ihn in die Arme. Er turnt auf ihr herum und drückt ihr laute Küsse auf die Wangen. Sie lacht und zieht den kleinen, seidigen Körper an sich, dem ein etwas dumpfer Geruch anhaftet.

Sie hat sich vier davon gekauft, zwischen zehn und zwölf Jahren, die sie wie Puppen anzieht, mit Turban, Pluderhosen und seidenen Strümpfen. Sie dekorieren ihre Kutsche, tragen ihre Handschuhe und den Muff, öffnen die Tür, sitzen während der Mahlzeiten zu ihren Füßen, machen Purzelbäume, um ihre Gäste zu belustigen und verbringen die Nacht in ihrem Zimmer, um abwechselnd das Feuer zu bewachen und sie zu zerstreuen, wenn sie nicht schlafen kann. Sie sind wie kleine Hunde. Sie ißt Zucker mit ihnen. Vor allem aber kandierte Orangen, die sie am liebsten hat. Sie schneidet sie in kleine Würfel. Die Haut innen ist grün. Sie hat immer ein paar, in ein Tuch gehüllt, in ihrer Tasche versteckt. Ihre Hände kleben. Sie muß sie abwischen, aber dafür sind die kleinen Neger da. Sie haben gelernt, sie zu waschen. Sie ist viel dicker geworden – die Schenkel, die Taille, der Nacken. Aber was kümmert sie ihr Gewicht, was man ißt oder ob man dicker wird? Was kümmert es sie, wenn die Männer sie nicht mehr begehren, wenn die jungen Männer sie meiden? Sie hat jeden Abend einen kleinen Hund bei sich, der glücklich ist, gestreichelt und getätschelt zu werden. Der älteste von den vieren ist noch kaum mannbar, aber er treibt seinen Gehorsam manchmal bis zu einem Versuch, sie zu beehren. Dann gibt sie sich einen Augenblick hin, bemüht sich, daran zu glauben und lohnt es ihm mit einem Geschenk.

Sie ist nicht die einzige. Mit dem Beginn der Regentschaft sind die schwarzen Tücher und die Nonnenschleier davongeflattert. Der Hof läßt es sich gutgehen. Philipp von Orléans, der den kleinen Ludwig XV. auf den Knien hält und für ihn regiert, glaubt an eine Religion des Vergnügens. Aller Vergnügen. Was bisher als Regel galt, wird umgekehrt. Um von nun an ein perfekter Höfling zu sein, muß man die dichten Vorhänge wegreißen, die Fenster weit öffnen, alle Ausschweifungen ohne Bedenken zur Schau stellen – und dabei stets die vornehme Haltung bewahren, die einer Oberschicht ansteht. Nach so vielen Jahren der Kasteiung schlägt man nun über die Stränge. Jeanne begibt sich wieder nach Versailles. Sie findet dort sehr schnell ihren Platz. Man wirft ihr nichts mehr vor – im Gegenteil: man erinnert sich, daß sie in Piemont regiert hat, und der Ruf ihrer Intelligenz ist so wohlbegründet, daß der Regent selber sie manchmal um Rat fragt. Sie gibt ihn. Er ist immer richtig. Man hört aufmerksam auf diese ruhige und klare Stimme, die noch eine kindliche Frische bewahrt hat. Die gleiche Frische wie ihre Haut, behaupten ihre intimen Freunde – und das ist wahr. Das Gesicht wird schwammig, aber die Haut bleibt frisch, samtig, fast durchsichtig. Sie muß keine Salben mehr benützen, denn die Falten haben sich so geschickt verteilt, daß sie die Pockennarben verdecken. Ihr Haar ist auffallend weiß. Als eine Art Herausforderung macht sie daraus einen zusätzlichen Reiz. Und wenn man sie aus der Tür ihrer Kutsche, auf ihre kleinen Neger gestützt, lächeln sieht, kann man nicht glauben, daß sie fünfzig ist.

Doch sie ist fünfzig. Und sie weiß es. Sie weiß es nur zu gut. Das Bild der bezaubernden alten Dame, das sie den anderen vorspiegelt, kann sie selber nicht täuschen. Am Abend in ihrem Zimmer rechnet sie ab. Sie sucht, wo alles hingekommen ist. Man müßte Schachteln haben, Geheimkassetten wie für Juwelen, um diesen Schatz einzuschließen, und ihn dann und wann berühren, um zu prüfen, ob er Früchte trägt. Aber diese Monate, diese Jahre, dieser Staub des Vergessens, der nichts ist als Verlassenheit, die man am Umfang der Taille und an den Fettwülsten ermißt . . .

»Hörst du?«

Sie zieht ihren kleinen Neger an den Haaren.

»Hörst du, daß jemand kommt?«

Er schreckt aus seinem Schlaf auf, nimmt eine Kerze, geht auf den Gang, um nachzusehen. Sie hat Angst vor ihrem Herzen, das zu nervös wird. Nicht einmal der Zucker hilft.

Sie streckt die Hand aus.

»Hierher!«

Sie bettet das Kind in ihre Kissen, zusammengerollt zu einer Kugel, gibt es ihr Wärme. Es schläft sehr schnell wieder ein und schnarcht leise. Ein beruhigendes Geräusch, das das Schlagen der Pendel überdeckt.

Eines Tages in Versailles zeigt man ihr eine sehr schöne junge Frau, die der Prinz von Carignan gerade geheiratet hat. Jeanne wendet sich rasch ab, hebt die Hand, als wehre sie einen Schlag ab. Sie hat ihr uneheliches Kind Viktoria Franziska erkannt, die Tochter, die der König ihr gemacht hat – und mit einem Schlag holt die Zeit sie ein. »Schon verheiratet?« sagt sie sich mit einer Art Schauder, und sie sucht nach jemandem, mit dem sie reden, der sie trösten kann. Und sie denkt an ihre Mutter. Sie hat das Verlangen, zu ihr zu laufen, aber die Herzogin von Luynes hat nach dem Tode ihres Gemahls ihr Palais in Paris verlassen und sich auf ihre Ländereien in der Provence zurückgezogen, und Jeanne hat zum zweitenmal das Gefühl, verraten worden zu sein.

Von diesem Tage an denkt sie an ihre Mutter. Vor allem in der Nacht, wenn sie nicht schläft. Sie sieht sie in ihr Zimmer kommen, zu ihrem Bett gehen. Sie versteht nicht, was da geschieht. Sie haben immer wie zwei Fremde gelebt, ohne je miteinander zu reden, ohne irgendeine Geste füreinander, nur als Jeanne noch ein kleines Kind war, hatte ihre Mutter während einer Grippe einmal ihre Hand berührt und gemurmelt: »Du bist heiß, du hast Fieber.« Sie erinnert sich an jene Nächte. Alles war still, niemand machte Lärm in den Gängen und ihr Zimmer roch nach Kamillentee. Sie richtet sich auf, fragt mit leiser Stimme:

»Warum?«

Damit sie verstehe, daß sie von nun an einander ähnlich waren und beide jetzt zu jenen Müttern gehörten, die ihre Töchter verheiratet haben und für die ein bestimmtes Spiel zu Ende war; und daß sie nur noch eine einzige Maske brauchten, die eine der anderen weiterreicht: die Maske einer lästigen alten Frau, die von den Kindern abgeschoben wird. Von welchen Kindern? Jeanne kennt nur die, die sie sich kauft, die sie schnarchen hört, die auf Befehl zu ihren Füßen schlafen, mit erhobener Schnauze, wie auf Gräbern.

Sie braucht lange, bis sie es begreift. Oder vielmehr, weil sie sehr schnell begriffen hat, braucht sie lange, bis sie sich entschließt. Sie sagt sich immer wieder nein, es hat keinen Sinn, es wird nach Staub riechen, nach Rost, nach schmutzigem Wasser. Und dann erfährt sie, daß eine ihrer Nichten einziehen will, daß schon damit begonnen wurde, alles instand zu setzen. Und so entschließt sie sich zu guter Letzt.

Sie geht alleine hin. Zu Fuß. Das Tor ist offen. Sie sieht Leitern, ein Gerüst. Sie betritt den Garten. Jemand will sie aufhalten, ein Polier, der behauptet, es sei verboten. Sie schiebt ihn mit einer Geste beiseite.

»Ich bin hier zu Hause.«

Sie geht die Terrasse entlang, nähert sich den Fenstern. Innen sieht sie nur Grau. Sie denkt: »Sie haben die Wandmalerei entfernt«, aber als sie die Tür aufstößt, erkennt sie, daß man die Wand mit einem großen Tuch abgedeckt hat, um sie vor Beschmutzung während der Arbeiten zu schützen. Sie hebt es hoch.

»Du bist also noch immer da?«

Es ist der gelbe Hund. Sie lacht ein wenig gekränkt.

»Du weigerst dich immer noch, zu bellen?«

Sie geht langsam die Treppe hinauf. Sie erkennt nichts wieder. Alles ist zugleich zu klein und zu groß. Sie ist müde von ihrem Fußmarsch und fragt sich, ob sie nicht mitten auf den Treppen anhalten wird.

»In den Winkel bei dem Geländer werde ich sicher nicht mehr hineinpassen. Du warst dünner als ich.«

Sie spricht ganz laut, als sei jemand da, sie zu erwarten. Und als sie im ersten Stock ankommt, setzt sie sich ganz selbstverständlich ein wenig zur Seite, denn der Platz ist nicht nur für sie allein. Ihr Herz ist immer noch recht nervös. Sie muß es beruhigen. Sie sucht in ihrer Tasche, zieht ein Taschentuch heraus, das ein wenig klebrig ist.

»Der Apfel auf der ersten Stufe unten, erinnerst du dich?«

Sie beißt in die kandierte Orange, ißt sie in kleinen Bissen, wischt sich die Hände in ihrem Taschentuch ab, schließt die Augen. Nur von außen kommen Geräusche, man hört Werkzeuge, einen Eimer, der gezogen wird, die Stimme eines Maurers.

»Du wolltest, daß ich komme. Ich bin gekommen. Und nun?«

Sie sitzt dort mit den Figuren, die unter dem Tuch auf die Wand gemalt sind, dem hochaufgerichteten Pferd, dem Reiter, der ihr den Rücken zuwendet, der Quelle – und nun? Soll man alles wieder in Ordnung bringen, versuchen, einen Plan zu erkennen, und das, was hinter den Masken vorgeht, als hätten diese Leben einen Sinn? Und selbst wenn es wahr ist, wenn sie eine Bedeutung haben, ist es reichlich spät. Sie wird nicht verborgenem Sinn und verlorener Zeit nachspüren und seufzen: »Hätte ich gewußt . . .« Sie hat nichts gewußt. Sie weiß nichts. Sie weiß nur, was sie spürt, ihren Körper, sein Gewicht, die Kurzatmigkeit, die angeschwollenen Knöchel, den kleinen Schmerz unter den Rippen, das Gefühl, auf sehr hartem Holz zu sitzen, woran sie nicht mehr gewöhnt ist. Sie hätte ein Kissen mitnehmen sollen.

»Von hier weggegangen . . .«

Sie wiederholt diesen Satz wie ein Signal, aber es folgt nichts. Von hier weggegangen, hier angekommen. Sie fährt mit der Zunge über die Zähne. Man spürt noch den Zucker. Was sie spürt, und was sie liebt. Nichts anderes.

Dennoch bedauert sie nicht, gekommen zu sein. Sie fühlt sich wohl. Sie ist ruhig. Sie gewöhnt sich an das Sitzen. Dann und wann öffnet sie die Augen, schließt sie wieder. Als schlafe sie viele kleine Schlummer, um zu bestätigen, daß es Abend wird.

Und als es schließlich soweit ist, als der Abend endlich die Terrasse berührt und man jemanden näher kommen hört, vielleicht einen Maurer oder den Polier, der beobachtete, wie sie das Palais betrat, und der durch die Fenster schaut, um zu sehen, ob sie gegangen ist, begreift sie, daß sie sich in all den Jahren nicht bewegt hat, daß sie immer dort gesessen ist und gewartet hat. Was sie getan hat, was sie gewesen ist, was sie verloren hat, alles ist ausgelöscht. Nur ihr Herz ist übriggeblieben – und das Verlangen, sich immer kleiner zu machen, damit dieser Schatten, der da ist und sie sucht, ein Schatten oder die Nacht, so lange wie möglich braucht, um sie zu entdecken, um Stufe für Stufe die Treppe hinaufzukommen und sich neben ihr niederzulassen.

Das Bild Jeanne de Verues auf dem Frontispiz stammt von Francisco Paglia und wurde mit freundl. Genehmigung der Sammlung Blondin, Genf, abgedruckt.
Das Photo auf dem Schutzumschlag stammt von Stefan Moses.

Titel der französischen Originalausgabe:
Jeanne de Luynes, Comtesse de Verue

Lektor: Brigitte Hilzensauer
Gestaltung und Herstellung: Claus Seitz, München
Satz: Filmsatzstudio Raggl, Landeck
Druck und Bindung: Passavia Druckerei GmbH, Passau
Printed in Germany
ISBN 3-85446-116-X